Musterverträge der DKG

Allgemeine Vertragsbedingungen (AVB), Behandlungsverträge und Wahlleistungsvereinbarung für Krankenhäuser

12. Auflage, 2018

Deutsche Krankenhaus Verlagsgesellschaft mbH

DEUTSCHE KRANKENHAUS GESELLSCHAFT

Impressum

ISBN: 978-3-946866-29-9

12. Auflage, 2018

© Deutsche Krankenhausgesellschaft e.V.
Wegelystr. 3, 10623 Berlin
Verantwortlich: Dezernat IV
Tel. +49 30 39 801-0
Fax +49 30 39 801-3000
www.dkgev.de

Deutsche Krankenhaus Verlagsgesellschaft mbH
Hansaallee 201, 40549 Düsseldorf
Fax +49 211 17 92 35-20
www.DKVG.de
info@DKVG.de

Herstellung: rewi druckhaus, Wissen

Das Werk einschließlich aller seiner Teile ist urheberrechtlich geschützt. Eine Verwertung bzw. Vervielfältigung der Muster in Form von Papierkopien für die Arbeit im Unternehmen ist nur zulässig, soweit diese zum eigenen Gebrauch bestimmt sind und es sich um kleine Teile des Werkes handelt. Jede Verwertung außerhalb der engen Grenzen des Urheberrechts ist ohne Zustimmung des Verlages unzulässig und strafbar. Dies gilt insbesondere für Vervielfältigungen des Gesamtwerkes und Übersetzungen sowie Einspeicherung und Verarbeitung in elektronischen Systemen.

Inhalt

Vorwort VII

Stationäre Behandlungsverträge

Behandlungsverträge mit separaten AVB

- Behandlungsvertrag über stationäre Krankenhausleistungen 3
- Behandlungsvertrag mit Patienten, die belegärztliche Leistungen in Anspruch nehmen 5
- Anlage – Allgemeine Vertragsbedingungen (AVB) 8
  - § 1 Geltungsbereich 8
  - § 2 Rechtsverhältnis 8
  - § 3 Umfang der Krankenhausleistungen 9
  - § 4 Aufnahme, Verlegung, Entlassung 10
  - § 5 Vor- und nachstationäre Behandlung 11
  - § 5a Stationsäquivalente psychiatrische Behandlung 12
  - § 6 Entgelt 12
  - § 7 Abrechnung des Entgelts bei gesetzlich Krankenversicherten und Heilfürsorgeberechtigten 13
  - § 8 Abrechnung des Entgelts bei Selbstzahlern 13
  - § 9 Vorauszahlungen, Abschlagszahlungen 14
  - § 10 Beurlaubung 15
  - § 11 Ärztliche Eingriffe 15
  - § 12 Obduktion 15
  - § 13 Aufzeichnungen und Daten 16
  - § 14 Hausordnung 17
  - § 15 Eingebrachte Sachen 17
  - § 16 Haftungsbeschränkung 18
  - § 17 Zahlungsort 18
  - § 18 Inkrafttreten 18

AVB, Behandlungsverträge und Wahlleistungsvereinbarung

Behandlungsverträge ohne separate AVB

- Behandlungsvertrag über stationäre Krankenhausleistungen 21
- Behandlungsvertrag mit Patienten, die belegärztliche Leistungen
  in Anspruch nehmen 28

Anlagen zu allen stationären Behandlungsverträgen

- Anlage 1 DRG-Entgelttarif für Krankenhäuser
  im Anwendungsbereich des KHEntgG 37
- Anlage 2 PEPP-Entgelttarif für Krankenhäuser
  im Anwendungsbereich der BPflV 47
- Anlage 3 Datenübermittlung zwischen Hausarzt und Krankenhaus 56
- Anlage 4 Datenübermittlung zwischen dem Krankenhaus und sonstigen
  Vor-/Weiterbehandlern 57
- Anlage 5 Einwilligung in die Datenübermittlung an ein Unternehmen
  der privaten Krankenversicherung..59
- Anlage 6 Informationspflichten gegenüber Patienten im
  Krankenhausbereich auf der Grundlage der Art. 12 ff. DS-GVO 61
- Anlage 7 Information für Kostenerstattungspatienten............................67
- Anlage 8 Patienteninformation zum Entlassmanagement 68
- Anlage 9 Einwilligung in das Entlassmanagement und
  die Datenverarbeitung 71

Wahlleistungsvereinbarung nebst Anlagen

- Patienteninformation bei wahlärztlichen Leistungen...............................75
- Wahlleistungsvereinbarung 78
- Anlage 1 Vereinbarung für den Fall vorhersehbarer Verhinderung
  des Wahlarztes..83
- Anlage 2 Einwilligung zur Datenübermittlung an eine externe
  Abrechnungsstelle 85

Inhalt

| Behandlungsvertrag und AVB für ambulante Operationsleistungen und stationsersetzende Eingriffe |

- Behandlungsvertrag über ambulante Operationsleistungen und stationsersetzende Eingriffe 89
- Anlage – Allgemeine Vertragsbedingungen (AVB) für ambulante Operationsleistungen und stationsersetzende Eingriffe 91

  § 1 Geltungsbereich 91
  § 2 Rechtsverhältnis 91
  § 3 Umfang der Leistungen bei ambulanten Operationen und stationsersetzenden Eingriffen 91
  § 4 Entgelte 92
  § 5 Abrechnung des Entgelts bei Selbstzahlern 92
  § 6 Aufklärung und Mitwirkungspflicht des Patienten 93
  § 7 Aufzeichnung und Daten 93
  § 8 Hausordnung 93
  § 9 Eingebrachte Sachen 93
  § 10 Haftungsbeschränkung 94
  § 11 Zahlungsort 94
  § 12 Inkrafttreten 94

| Erläuterungen |

- Erläuterungen zu allen Behandlungsverträgen, AVB und der Wahlleistungsvereinbarung 97

Vorwort

Im Jahr 1985 wurde vom Vorstand der Deutschen Krankenhausgesellschaft (DKG) das erste „Muster Allgemeiner Vertragsbedingungen für Krankenhäuser" verabschiedet. Es wird seitdem von der DKG als unverbindliches Muster für die ausschließlich im Verhältnis zwischen Patient und Krankenhaus geltenden Allgemeinen Vertragsbedingungen empfohlen und hat als Vorbild für die Ausgestaltung der Rechtsverhältnisse mit den Patienten bundesweit Eingang in die Praxis gefunden.

Das Muster blieb anfänglich nicht ohne Kritik. Der Verbraucherschutzverein Berlin e.V. verklagte die DKG auf Rücknahme einzelner Bestimmungen des Musters. Der Bundesgerichtshof fällte am 09.11.1989 (Az.: IX ZR 269/87) ein abschließendes Urteil. Die Aussagen dieses Urteils sind bereits seit der dritten Auflage des Musters Allgemeiner Vertragsbedingungen (1990) inhaltlich berücksichtigt worden.

Seit der sechsten Auflage werden zwei Varianten zur Vertragsgestaltung angeboten. Die Variante 1 (Behandlungsvertrag + separate AVB) ermöglicht es, einen kurzen Behandlungsvertrag abzuschließen und hinsichtlich der weiteren regelungsbedürftigen Tatbestände auf separate AVB zu verweisen, die ausgehängt oder ausgehändigt werden müssen. In der Variante 2 (Behandlungsvertrag ohne separate AVB) werden alle regelungsbedürftigen Tatbestände einheitlich in einem längeren Behandlungsvertrag zusammengefasst. Auf die gesonderte Aushändigung oder den Aushang von AVB kann verzichtet werden. Durch die Varianten wird es jedem Krankenhausträger ermöglicht, die von ihm favorisierte Verfahrensart zu wählen. Um das Verhältnis der einzelnen Muster untereinander klarer darzustellen, ist eine Umsortierung erfolgt, die eindeutig hervorhebt, bei Verwendung welchen Behandlungsvertrages es gesonderter AVB bedarf.

Aktuell hat der Geltungsbeginn der *„Verordnung (EU) 2016/679 des Europäischen Parlaments und des Rates vom 27.04.2016 zum Schutz natürlicher Personen bei der Verarbeitung personenbezogener Daten, zum freien Datenverkehr und zur Aufhebung der Richtlinie 95/46/EG"* (**EU-Datenschutz-Grundverordnung – DS-GVO**) zum 25.05.2018 eine Überarbeitung des Musters notwendig gemacht. In hohem Maße betroffen von den Änderungen sind hauptsächlich die Anlagen zu den stationären Behandlungsverträgen.

Der zuständige Fachausschuss „Recht und Verträge" der DKG hat die Neufassung am 20.03.2018 sowie 23.05.2018 beschlossen.

Georg Baum
Hauptgeschäftsführer
der Deutschen Krankenhausgesellschaft

Stationäre Behandlungsverträge

Behandlungsverträge **mit** separaten AVB

Stationäre Behandlungsverträge mit separaten AVB

Behandlungsvertrag[1]
über stationäre Krankenhausleistungen

zwischen

Name, Vorname des Patienten[2]

Geburtsdatum des Patienten

Anschrift

und

als Träger des Krankenhauses

über die vollstationäre/stationsäquivalente psychiatrische/teilstationäre/vor- und nachstationäre Behandlung zu den in den AVB des Krankenhauses vom _____ niedergelegten Bedingungen.

> *Hinweis:*
>
> Sofern kein gesetzlicher Krankenversicherungsschutz besteht oder Wahlleistungen in Anspruch genommen werden, die vom gesetzlichen Krankenversicherungsschutz nicht umfasst sind, besteht nach Maßgabe der jeweils geltenden gesetzlichen Vorschriften keine Leistungspflicht eines öffentlich-rechtlichen Kostenträgers (z.B. Krankenkassen etc.). In diesen Fällen ist der Patient als Selbstzahler zur Entrichtung des Entgelts für die Krankenhausleistungen verpflichtet.

Ort, Datum

Unterschrift des Patienten   Unterschrift des Krankenhausmitarbeiters

Ich handele als Vertreter mit Vertretungsmacht/gesetzlicher Vertreter/Betreuer[3]

Name, Vorname des Vertreters   Anschrift des Vertreters

Unterschrift des Vertreters

AVB, Behandlungsverträge und Wahlleistungsvereinbarung

Empfangsbekenntnis[4]

Ich habe jeweils eine Ausfertigung

[ ] des Behandlungsvertrages

[ ] der Allgemeinen Vertragsbedingungen (AVB)

[ ] des Pflegekostentarifs bzw. Krankenhausentgelt- oder PEPP-Entgelttarifs und der Unterrichtung des Patienten nach § 14 BPflV a. F.[5] bzw. § 8 KHEntgG und BPflV n. F.

[ ] der Patienteninformation bei wahlärztlichen Leistungen

[ ] der Wahlleistungsvereinbarung

[ ] des Einverständnisses zur Datenübermittlung zwischen Hausarzt und Krankenhaus

[ ] des Einverständnisses zur Datenübermittlung an ein Unternehmen der privaten Krankenversicherung

[ ] der Information gegenüber Patienten im Krankenhausbereich auf der Grundlage der Art. 12 ff. DS-GVO

[ ] der Information für Kostenerstattungspatienten nach § 13 Abs. 2 SGB V

[ ] der Patienteninformation zum Entlassmanagement

[ ] der Einwilligung in das Entlassmanagement und die Datenverarbeitung

[ ] der Hausordnung

erhalten.

_____   _____
Datum   Unterschrift

Behandlungsvertrag[6]
mit Patienten, die belegärztliche Leistungen in Anspruch nehmen

zwischen

Name, Vorname des Patienten[7]

Geburtsdatum des Patienten

Anschrift

und

als Träger des Krankenhauses

über die vollstationäre/teilstationäre Behandlung zu den in den AVB des Krankenhauses vom _____ niedergelegten Bedingungen.

Die Verpflichtung des Krankenhauses erstreckt sich nicht auf Leistungen des Belegarztes; zu diesen gehören seine persönlichen Leistungen, der ärztliche Bereitschaftsdienst, die von ihm veranlassten Leistungen nachgeordneter Ärzte des Krankenhauses, die in demselben Fachgebiet wie der Belegarzt tätig werden und die von ihm veranlassten Leistungen von Ärzten und ärztlich geleiteten Einrichtungen außerhalb des Krankenhauses.

Das Krankenhaus haftet nicht für Leistungen der Belegärzte.

Der Belegarzt sowie die von ihm hinzugezogenen Ärzte bzw. ärztlich geleiteten Einrichtungen außerhalb des Krankenhauses berechnen ihre Leistungen gesondert.[8]

AVB, Behandlungsverträge und Wahlleistungsvereinbarung

Hinweis:

Sofern kein gesetzlicher Krankenversicherungsschutz besteht oder Wahlleistungen in Anspruch genommen werden, die vom gesetzlichen Krankenversicherungsschutz nicht umfasst sind, besteht nach Maßgabe der jeweils geltenden gesetzlichen Vorschriften keine Leistungspflicht eines öffentlich-rechtlichen Kostenträgers (z.B. Krankenkassen etc.). In diesen Fällen ist der Patient als Selbstzahler zur Entrichtung des Entgelts für die Krankenhausleistungen verpflichtet.

_____

Ort, Datum

_____   _____

Unterschrift des Patienten   Unterschrift des Krankenhausmitarbeiters

Ich handele als Vertreter mit Vertretungsmacht/gesetzlicher Vertreter/Betreuer[9]

_____   _____

Name, Vorname des Vertreters   Anschrift des Vertreters

_____

Unterschrift des Vertreters

Empfangsbekenntnis[10]

Ich habe jeweils eine Ausfertigung

[ ] des Behandlungsvertrages

[ ] der Allgemeinen Vertragsbedingungen (AVB)

[ ] des Pflegekostentarifs bzw. Krankenhausentgelt- oder PEPP-Entgelttarifs und der Unterrichtung des Patienten nach § 14 BPflV a. F.[11] bzw. § 8 KHEntgG und BPflV n. F.

[ ] der Patienteninformation bei wahlärztlichen Leistungen

[ ] der Wahlleistungsvereinbarung

[ ] des Einverständnisses zur Datenübermittlung zwischen Hausarzt und Krankenhaus

[ ] des Einverständnisses zur Datenübermittlung an ein Unternehmen der privaten Krankenversicherung

[ ] der Information gegenüber Patienten im Krankenhausbereich auf der Grundlage der Art. 12 ff. DS-GVO

[ ] der Information für Kostenerstattungspatienten nach § 13 Abs. 2 SGB V

[ ] der Patienteninformation zum Entlassmanagement

[ ] der Einwilligung in das Entlassmanagement und die Datenverarbeitung

[ ] der Hausordnung

erhalten.

_____   _____
Datum   Unterschrift

AVB, Behandlungsverträge und Wahlleistungsvereinbarung

Anlage

Allgemeine Vertragsbedingungen (AVB)[12]

für

das/die _____ Krankenhaus/Krankenhäuser

des/der _____ (Krankenhausträger)

§ 1
Geltungsbereich

Die AVB gelten, soweit nichts anderes vereinbart ist, für die vertraglichen Beziehungen zwischen[13] _____

und den Patienten[14] bei vollstationären Krankenhausleistungen – auch in Form der stationsäquivalenten psychiatrischen –, teilstationären sowie vor- und nachstationären Krankenhausleistungen.

§ 2
Rechtsverhältnis

(1) Die Rechtsbeziehungen zwischen dem Krankenhaus und dem Patienten sind privatrechtlicher Natur.

(2) Die AVB werden gemäß §§ 305 ff. BGB für Patienten wirksam[15], wenn diese

- jeweils ausdrücklich oder – wenn ein ausdrücklicher Hinweis wegen der Art des Vertragsschlusses nur unter unverhältnismäßigen Schwierigkeiten möglich ist – durch deutlich sichtbaren Aushang am Ort des Vertragsschlusses darauf hingewiesen wurden,

- von ihrem Inhalt in zumutbarer Weise, die auch eine für den Verwender der AVB erkennbare körperliche Behinderung der anderen Vertragspartei angemessen berücksichtigt, Kenntnis erlangen konnten,

- sich mit ihrer Geltung einverstanden erklärt haben.[16]

§ 3
Umfang der Krankenhausleistungen

(1) Die vollstationären Krankenhausleistungen – auch in Form der stationsäquivalenten psychiatrischen –, teilstationären sowie vor- und nachstationären Krankenhausleistungen umfassen die allgemeinen Krankenhausleistungen und die Wahlleistungen.

(2) Allgemeine Krankenhausleistungen sind diejenigen Krankenhausleistungen, die unter Berücksichtigung der Leistungsfähigkeit des Krankenhauses im Einzelfall nach Art und Schwere der Erkrankung des Patienten für die medizinisch zweckmäßige und ausreichende Versorgung notwendig sind. Unter diesen Voraussetzungen gehören dazu auch:

a) die während des Krankenhausaufenthalts durchgeführten Maßnahmen zur Früherkennung von Krankheiten im Sinne des Fünften Buches Sozialgesetzbuch (SGB V),

b) die vom Krankenhaus veranlassten Leistungen Dritter,

c) die aus medizinischen Gründen notwendige Mitaufnahme einer Begleitperson des Patienten oder die Mitaufnahme einer Pflegekraft nach § 11 Absatz 3 SGB V,

d) die besonderen Aufgaben von Zentren und Schwerpunkten für die stationäre Versorgung von Patienten, insbesondere die Aufgaben von Tumorzentren und geriatrischen Zentren sowie entsprechenden Schwerpunkten,

e) die Frührehabilitation im Sinne von § 39 Abs. 1. S. 3 SGB V,

f) das Entlassmanagement im Sinne des § 39 Absatz 1a SGB V.

(3) Nicht Gegenstand der allgemeinen Krankenhausleistungen sind

a) die Dialyse, wenn hierdurch eine entsprechende Behandlung fortgeführt wird, das Krankenhaus keine eigene Dialyseeinrichtung hat und ein Zusammenhang mit dem Grund der Krankenhausbehandlung nicht besteht.

b) die Leistungen der Belegärzte[17], der Beleghebammen/-entbindungspfleger,

c) Hilfsmittel, die dem Patienten bei Beendigung des Krankenhausaufenthaltes mitgegeben werden (z.B. Prothesen, Unterarmstützkrücken, Krankenfahrstühle)[18],

d) die Leichenschau und die Ausstellung einer Todesbescheinigung[19],

AVB, Behandlungsverträge und Wahlleistungsvereinbarung

e) Leistungen, die nach Entscheidung des Gemeinsamen Bundesausschusses gemäß § 137c SGB V nicht zu Lasten der gesetzlichen Krankenkassen erbracht werden dürfen,

f) Dolmetscherkosten[20].

(4) Das Vertragsangebot des Krankenhauses erstreckt sich nur auf diejenigen Leistungen, für die das Krankenhaus im Rahmen seiner medizinischen Zielsetzung personell und sachlich ausgestattet ist.[21]

§ 4
Aufnahme,
Verlegung, Entlassung

(1) Im Rahmen der Leistungsfähigkeit des Krankenhauses wird aufgenommen, wer der vollstationären oder teilstationären Krankenhausbehandlung bedarf. Die Reihenfolge der Aufnahme richtet sich nach der Schwere und der Dringlichkeit des Krankheitsbildes.

(2) Wer wegen unmittelbarer Lebensgefahr oder der Gefahr einer bedrohlichen Verschlimmerung seiner Krankheit der sofortigen Behandlung bedarf (Notfall), wird – auch außerhalb der qualitativen oder quantitativen Leistungsfähigkeit des Krankenhauses – einstweilen aufgenommen, bis seine Verlegung in ein anderes geeignetes Krankenhaus gesichert ist.

(3) Eine Begleitperson wird aufgenommen, wenn dies nach dem Urteil des behandelnden Krankenhausarztes für die Behandlung des Patienten medizinisch notwendig und die Unterbringung im Krankenhaus möglich ist. Darüber hinaus kann auf Wunsch im Rahmen von Wahlleistungen eine Begleitperson aufgenommen werden, wenn ausreichende Unterbringungsmöglichkeiten zur Verfügung stehen, der Betriebsablauf nicht behindert wird und medizinische Gründe nicht entgegenstehen.

(4) Bei medizinischer Notwendigkeit (insbesondere in Notfällen), können Patienten in ein anderes Krankenhaus verlegt werden. Die Verlegung wird vorher – soweit möglich – mit dem Patienten abgestimmt.

Eine auf Wunsch des gesetzlich Krankenversicherten zu Lasten der gesetzlichen Krankenkasse erfolgende Verlegung in ein wohnortnahes Krankenhaus ist gemäß § 60 SGB V von einer Einwilligung der gesetzlichen Krankenkasse abhängig, wenn die Verlegung nicht aus zwingenden medizinischen Gründen erforderlich ist.[22] Verweigert die gesetzliche Krankenkasse ihre Einwilligung, erfolgt die Verlegung nur auf ausdrücklichen Wunsch und eigene Kosten des gesetzlich Krankenversicherten. Das Krankenhaus informiert den gesetzlich Krankenversicherten hierüber.

(5) Entlassen wird,

a) wer nach dem Urteil des behandelnden Krankenhausarztes der Krankenhausbehandlung nicht mehr bedarf oder

b) die Entlassung ausdrücklich wünscht.

Besteht der Patient entgegen ärztlichem Rat auf seine Entlassung oder verlässt er eigenmächtig das Krankenhaus, haftet das Krankenhaus für die entstehenden Folgen nicht.

(6) Eine Begleitperson wird entlassen, wenn die Voraussetzungen nach Absatz 3 nicht mehr gegeben sind.

§ 5
Vor- und nachstationäre Behandlung[23]

(1) Das Krankenhaus kann bei Verordnung von Krankenhausbehandlung (Krankenhauseinweisung) Patienten in medizinisch geeigneten Fällen ohne Unterkunft und Verpflegung behandeln, um

a) die Erforderlichkeit einer vollstationären Krankenhausbehandlung zu klären oder die vollstationäre Krankenhausbehandlung vorzubereiten (vorstationäre Behandlung)[24],

b) im Anschluss an eine vollstationäre Krankenhausbehandlung den Behandlungserfolg zu sichern oder zu festigen (nachstationäre Behandlung).

(2) Die vorstationäre Krankenhausbehandlung, die drei Behandlungstage innerhalb von fünf Kalendertagen vor Beginn der stationären Behandlung nicht überschreiten darf, wird beendet,

a) mit Aufnahme des Patienten zur vollstationären Behandlung,

b) wenn sich herausstellt, dass eine vollstationäre Krankenhausbehandlung nicht oder erst außerhalb des vorstationären Zeitrahmens notwendig ist,

c) wenn der Patient die Beendigung ausdrücklich wünscht oder die Behandlung abbricht.

In den Fällen b) und c) endet auch der Behandlungsvertrag.

AVB, Behandlungsverträge und Wahlleistungsvereinbarung

(3) Die nachstationäre Krankenhausbehandlung, die sieben Behandlungstage innerhalb von 14 Kalendertagen, bei Organübertragungen drei Monate nach Beendigung der stationären Krankenhausbehandlung, nicht überschreiten darf, wird beendet,

a) wenn der Behandlungserfolg nach Entscheidung des Krankenhausarztes gesichert oder gefestigt ist, oder

b) wenn der Patient die Beendigung ausdrücklich wünscht oder die Behandlung abbricht.

Gleichzeitig endet auch der Behandlungsvertrag.

Die Frist von 14 Kalendertagen oder drei Monaten kann in medizinisch begründeten Einzelfällen im Einvernehmen mit dem einweisenden Arzt verlängert werden. Kontrolluntersuchungen bei Organübertragungen nach § 9 des Transplantationsgesetzes dürfen vom Krankenhaus auch nach Beendigung der nachstationären Behandlung fortgeführt werden, um die weitere Krankenbehandlung oder Maßnahmen der Qualitätssicherung wissenschaftlich zu begleiten oder zu unterstützen.

(4) Eine notwendige ärztliche Behandlung außerhalb des Krankenhauses während der vor- und nachstationären Behandlung wird im Rahmen des Sicherstellungsauftrages durch die an der vertragsärztlichen Versorgung teilnehmenden Ärzte gewährleistet und ist nicht Gegenstand der Krankenhausleistungen.

(5) Das Krankenhaus unterrichtet den einweisenden Arzt unverzüglich über die vor- und nachstationäre Behandlung des Patienten sowie diesen und die an der weiteren Krankenbehandlung jeweils beteiligten Ärzte über die Kontrolluntersuchungen und deren Ergebnis.[25]

§ 5a
Stationsäquivalente psychiatrische Behandlung

Im Rahmen der psychiatrischen Versorgung kann das Krankenhaus in medizinisch geeigneten Fällen anstelle einer vollstationären Behandlung eine stationsäquivalente Behandlung im häuslichen Umfeld erbringen.[26]

§ 6
Entgelt

Das Entgelt für die Leistungen des Krankenhauses richtet sich nach den gesetzlichen Vorgaben und dem Pflegekostentarif/DRG-Entgelttarif/PEPP-Entgelttarif [27] in der jeweils gültigen Fassung, der Bestandteil dieser AVB ist *(Anlage)*.

§ 7
Abrechnung des Entgelts bei
gesetzlich Krankenversicherten und Heilfürsorgeberechtigten

(1) Soweit ein öffentlich-rechtlicher Kostenträger (z.B. Krankenkassen etc.) nach Maßgabe der jeweils geltenden gesetzlichen Vorschriften zur Zahlung des Entgelts für die Krankenhausleistungen verpflichtet ist, rechnet das Krankenhaus seine Entgelte unmittelbar mit diesem ab. Auf Verlangen des Krankenhauses legt der Patient eine Kostenübernahmeerklärung seines Kostenträgers vor, die alle Leistungen umfasst, die im Einzelfall nach Art und Schwere der Krankheit für die medizinische Versorgung im Krankenhaus notwendig sind.[28]

(2) Gesetzlich Krankenversicherte, die das achtzehnte Lebensjahr vollendet haben, zahlen von Beginn der vollstationären Krankenhausbehandlung an innerhalb eines Kalenderjahres für längstens 28 Tage nach Maßgabe des § 39 Abs. 4 SGB V eine Zuzahlung, die vom Krankenhaus an die Krankenkasse weitergeleitet wird. Nähere Einzelheiten ergeben sich aus dem Pflegekostentarif/DRG-Entgelttarif/PEPP-Entgelttarif[29].

(3) Gesetzlich Krankenversicherte, bei denen eine Krankenhausbehandlung im Sinne des § 39 Abs. 1 SGB V durchgeführt wird und die erklären, über die vom Krankenhaus erbrachten Leistungen sowie die von den Krankenkassen dafür zu zahlenden Entgelte unterrichtet werden zu wollen, erhalten innerhalb von vier Wochen nach Abschluss der Krankenhausbehandlung eine derartige schriftliche Information, sofern sie bzw. ihre gesetzlichen Vertreter bis spätestens zwei Wochen nach Abschluss der Behandlung dies ausdrücklich gegenüber der Krankenhausverwaltung erklären.[30]

§ 8
Abrechnung des Entgelts bei Selbstzahlern

(1) Sofern kein gesetzlicher Krankenversicherungsschutz besteht oder Wahlleistungen in Anspruch genommen werden, die vom gesetzlichen Krankenversicherungsschutz nicht umfasst sind, besteht nach Maßgabe der jeweils geltenden gesetzlichen Vorschriften keine Leistungspflicht eines öffentlich-rechtlichen Kostenträgers (z.B. Krankenkasse). In diesem Fall ist der Patient dem Krankenhaus gegenüber Selbstzahler.

(2) Selbstzahler sind zur Entrichtung des Entgeltes für die Krankenhausleistungen verpflichtet. Sofern der Patient als Versicherter einer privaten Krankenversicherung von der Möglichkeit einer direkten Abrechnung zwischen dem Krankenhaus und dem privaten Krankenversicherungsunternehmen Gebrauch macht[31], werden Rechnungen unmittelbar gegenüber dem privaten Krankenversicherungsunternehmen erteilt. Voraussetzung für eine solche Direktabrechnung ist, dass der Versicherte

schriftlich seine Einwilligung, die jederzeit widerrufen werden kann, erklärt, dass die Daten nach § 301 SGB V im Wege des elektronischen Datenaustausches an das private Krankenversicherungsunternehmen übermittelt werden.

(3) Für Krankenhausleistungen können Zwischenrechnungen erteilt werden.[32] Nach Beendigung der Behandlung wird eine Schlussrechnung erstellt.[33]

(4) Die Nachberechnung von Leistungen, die in der Schlussrechnung nicht enthalten sind, und die Berichtigung von Fehlern bleiben vorbehalten.

(5) Der Rechnungsbetrag wird mit Zugang der Rechnung fällig.

(6) Bei Zahlungsverzug können Verzugszinsen in Höhe von fünf Prozentpunkten über dem Basiszinssatz pro Jahr (§ 288 Abs. 1 BGB) berechnet werden; darüber hinaus können Mahngebühren in Höhe von Euro ____ berechnet werden, es sei denn, der Patient weist nach, dass kein oder ein wesentlich geringerer Schaden entstanden ist.[34]

(7) Eine Aufrechnung mit bestrittenen oder nicht rechtskräftig festgestellten Forderungen ist ausgeschlossen.

§ 9
Vorauszahlungen, Abschlagszahlungen[35]

(1) Soweit das Krankenhaus nicht auf der Grundlage von Diagnosis Related Groups (DRG) nach § 17b Krankenhausfinanzierungsgesetz (KHG) abrechnet, kann es für Krankenhausaufenthalte, die voraussichtlich länger als eine Woche dauern, angemessene Vorauszahlungen verlangen. Soweit Kostenübernahmeerklärungen von Sozialleistungsträgern, sonstigen öffentlich-rechtlichen Kostenträgern oder privaten Krankenversicherungen vorliegen, können Vorauszahlungen nur von diesen verlangt werden (§ 14 Abs. 4 Bundespflegesatzverordnung – BPflV a.F.[36]).

(2) Soweit das Krankenhaus auf der Grundlage von DRG nach § 17b oder PEPP-Entgelten nach § 17d des Krankenhausfinanzierungsgesetzes abrechnet, kann es für Krankenhausaufenthalte eine angemessene Vorauszahlung verlangen, wenn und soweit ein Krankenversicherungsschutz nicht nachgewiesen wird (§ 8 Abs. 4 BPflV n.F. oder § 8 Abs. 7 Krankenhausentgeltgesetz – KHEntgG).

(3) Ab dem achten Tag des Krankenhausaufenthalts kann das Krankenhaus eine angemessene Abschlagszahlung verlangen, deren Höhe sich an den bisher erbrachten Leistungen in Verbindung mit der Höhe der voraussichtlich zu zahlenden Entgelte orientiert (§ 8 Abs. 4 BPflV n.F. oder § 8 Abs. 7 KHEntgG).

§ 10
Beurlaubung

Beurlaubungen sind mit einer stationären Krankenhausbehandlung in der Regel nicht vereinbar. Während einer stationären Behandlung werden Patienten daher nur aus zwingenden Gründen und nur mit Zustimmung des Leitenden Abteilungsarztes beurlaubt.[37]

§ 11
Ärztliche Eingriffe

(1) Eingriffe in die körperliche und geistig-seelische Unversehrtheit des Patienten werden nur nach seiner Aufklärung über die Bedeutung und Tragweite des Eingriffs und nach seiner Einwilligung vorgenommen.[38]

(2) Ist der Patient außerstande, die Einwilligung zu erklären, wird der Eingriff ohne eine ausdrückliche Einwilligung vorgenommen, wenn dieser nach der Überzeugung des zuständigen Krankenhausarztes zur Abwendung einer drohenden Lebensgefahr oder wegen einer unmittelbar drohenden schwerwiegenden Beeinträchtigung des Gesundheitszustandes des Patienten unverzüglich erforderlich ist.

(3) Absatz 2 gilt entsprechend, wenn bei einem beschränkt geschäftsfähigen oder geschäftsunfähigen Patienten ein zur Vertretung Berechtigter (z.B. die Eltern als gesetzliche Vertreter, ein Vormund, ein Betreuer oder ein rechtsgeschäftlich Bevollmächtigter) nicht oder nicht rechtzeitig erreichbar ist oder seine dem Eingriff entgegenstehende Willenserklärung im Hinblick auf § 323 c StGB unbeachtlich ist.

§ 12
Obduktion[39]

(1) Eine Obduktion kann vorgenommen werden, wenn

a) der Verstorbene zu Lebzeiten eingewilligt hat, oder

b) der erreichbare nächste Angehörige (Abs. 3) des Verstorbenen, bei gleichrangigen Angehörigen einer von ihnen, eingewilligt und dem Krankenhausarzt ein entgegenstehender Wille des Verstorbenen nicht bekannt geworden ist.

(2) Von der Obduktion ist abzusehen bei Verstorbenen, die einer die Obduktion ablehnenden Gemeinschaft angehören, sofern nicht der Verstorbene zu Lebzeiten eingewilligt hat.

(3) Nächste Angehörige im Sinne des Absatzes 1 sind in der Rangfolge ihrer Aufzählung

- der Ehegatte bzw. eingetragene Lebenspartner,
- die volljährigen Kinder (und Adoptivkinder),
- die Eltern (bei Adoption die Adoptiveltern) oder, sofern der Verstorbene zur Todeszeit minderjährig war und die Sorge für seine Person zu dieser Zeit nur einem Elternteil, einem Vormund oder einem Pfleger zustand, dieser Sorgeinhaber,
- die volljährigen Geschwister,
- die Großeltern.

Bei mehreren gleichrangigen Angehörigen genügt es, wenn einer von ihnen beteiligt wird und eine Entscheidung trifft. Ist ein vorrangiger Angehöriger innerhalb angemessener Zeit nicht erreichbar, genügt die Beteiligung und Entscheidung des nächsterreichbaren nachrangigen Angehörigen. Dem nächsten Angehörigen steht eine volljährige Person gleich, die dem Verstorbenen bis zu seinem Tode in besonderer persönlicher Verbundenheit offenkundig nahe gestanden hat; sie tritt neben den nächsten Angehörigen. Hatte der Verstorbene die Entscheidung über eine Obduktion einer bestimmten Person übertragen, tritt diese an die Stelle des nächsten Angehörigen.

(4) Die Absätze 1 bis 3 finden keine Anwendung bei einer Obduktion, die aufgrund einer gesetzlichen Ermächtigung von der zuständigen Behörde angeordnet ist.

(5) § 12 findet insgesamt keine Anwendung auf die Spende und Entnahme von Organen und Geweben zum Zwecke der Übertragung auf andere Menschen. Hierfür sind ausschließlich die Regelungen des Transplantationsgesetzes maßgeblich.

§ 13
Aufzeichnungen und Daten

(1) Krankengeschichten, insbesondere Krankenblätter, Untersuchungsbefunde, Röntgenaufnahmen und andere Aufzeichnungen sind Eigentum des Krankenhauses.[40]

(2) Patienten haben keinen Anspruch auf Herausgabe der Originalunterlagen. Abweichende gesetzliche Regelungen bleiben unberührt.[41]

(3) Das Recht des Patienten oder eines von ihm Beauftragten auf Einsicht in die Aufzeichnungen, auf Überlassung von Kopien – auch in Form von elektronischen Abschriften – auf seine Kosten und die Auskunftspflicht des behandelnden Kranken-

hausarztes bleiben unberührt. Die entsprechenden Kosten sind vom Patienten vor Übergabe zu erstatten.[42]

(4) Die Verarbeitung der Daten einschließlich ihrer Weitergabe erfolgt unter Beachtung der gesetzlichen Regelungen, insbesondere der Bestimmungen über den Datenschutz, der ärztlichen Schweigepflicht und des Sozialgeheimnisses.

§ 14
Hausordnung

Der Patient hat die vom Krankenhaus erlassene Hausordnung zu beachten.[43]

§ 15
Eingebrachte Sachen

(1) In das Krankenhaus sollen nur die notwendigen Kleidungsstücke und Gebrauchsgegenstände eingebracht werden.

(2) Geld und Wertsachen werden bei der Verwaltung in für das Krankenhaus zumutbarer Weise verwahrt.[44]

(3) Bei handlungsunfähig eingelieferten Patienten werden Geld und Wertsachen in Gegenwart eines Zeugen festgestellt und der Verwaltung zur Verwahrung übergeben.

(4) Zurückgelassene Sachen gehen in das Eigentum des Krankenhauses über, wenn sie nicht innerhalb von 12 Wochen nach Aufforderung abgeholt werden.[45]

(5) Im Fall des Absatzes 4 wird in der Aufforderung ausdrücklich darauf verwiesen, dass auf den Herausgabeanspruch verzichtet wird mit der Folge, dass die zurückgelassenen Sachen nach Ablauf der Frist in das Eigentum des Krankenhauses übergehen.

(6) Absatz 4 gilt nicht für Nachlassgegenstände sowie für Geld und Wertsachen, die von der Verwaltung verwahrt werden. Die Aufbewahrung, Herausgabe und Verwertung dieser Sachen erfolgt unter Beachtung der gesetzlichen Bestimmungen.

AVB, Behandlungsverträge und Wahlleistungsvereinbarung

§ 16
Haftungsbeschränkung[46]

(1) Für den Verlust oder die Beschädigung von eingebrachten Sachen, die in der Obhut des Patienten bleiben, oder von Fahrzeugen des Patienten, die auf dem Krankenhausgrundstück oder auf einem vom Krankenhaus bereitgestellten Parkplatz abgestellt sind, haftet der Krankenhausträger nur bei Vorsatz und grober Fahrlässigkeit; das gleiche gilt bei Verlust von Geld und Wertsachen, die nicht der Verwaltung zur Verwahrung übergeben wurden.

(2) Haftungsansprüche wegen Verlustes oder Beschädigung von Geld und Wertsachen, die durch die Verwaltung verwahrt wurden, sowie für Nachlassgegenstände, die sich in der Verwahrung der Verwaltung befunden haben, müssen innerhalb einer Frist von drei Monaten nach Erlangung der Kenntnis von dem Verlust oder der Beschädigung schriftlich geltend gemacht werden; die Frist beginnt frühestens mit der Entlassung des Patienten.

§ 17
Zahlungsort[47]

Der Zahlungspflichtige hat seine Schuld auf seine Gefahr und seine Kosten in _____ zu erfüllen.

§ 18
Inkrafttreten

Diese AVB treten am _____ in Kraft. Gleichzeitig werden die AVB _____ vom _____ aufgehoben.

Anlagen:[48]

- Pflegekostentarif
- DRG-Entgelttarif
- PEPP-Entgelttarif

Stationäre Behandlungsverträge

Behandlungsverträge ohne separate AVB

Stationäre Behandlungsverträge ohne separate AVB

Behandlungsvertrag[49]
über stationäre Krankenhausleistungen

zwischen

Name, Vorname des Patienten[50]

Geburtsdatum des Patienten

Anschrift

und

---
als Träger des Krankenhauses

über die vollstationäre/teilstationäre/stationsäquivalente psychiatrische/vor- und nachstationäre Behandlung zu den nachfolgend genannten Bedingungen.

§ 1
Krankenhausleistungen

(1) Die vom Krankenhaus angebotenen vollstationären Krankenhausleistungen – auch in Form der stationsäquivalenten psychiatrischen –, teilstationären sowie vor- und nachstationären Krankenhausleistungen umfassen die allgemeinen Krankenhausleistungen (§ 2 BPflV, § 2 KHEntgG) und die Wahlleistungen (§ 17 KHEntgG).

(2) Nicht Gegenstand der allgemeinen Krankenhausleistungen sind

    a) die Dialyse, wenn hierdurch eine entsprechende Behandlung fortgeführt wird, das Krankenhaus keine eigene Dialyseeinrichtung hat und ein Zusammenhang mit dem Grund der Krankenhausbehandlung nicht besteht.

    b) die Leistungen der Belegärzte[51], der Beleghebammen/-entbindungspfleger,

    c) Hilfsmittel, die dem Patienten bei Beendigung des Krankenhausaufenthaltes mitgegeben werden (z.B. Prothesen, Unterarmstützkrücken, Krankenfahrstühle)[52],

    d) die Leichenschau und die Ausstellung einer Todesbescheinigung[53],

AVB, Behandlungsverträge und Wahlleistungsvereinbarung

e) Leistungen, die nach Entscheidung des Gemeinsamen Bundesausschusses gemäß § 137c SGB V nicht zu Lasten der gesetzlichen Krankenkassen erbracht werden dürfen,

f) Dolmetscherkosten[54].

(3) Wahlleistungen sind mit dem Krankenhaus gesondert zu vereinbaren.

(4) Das Vertragsangebot des Krankenhauses erstreckt sich nur auf diejenigen Leistungen, für die das Krankenhaus im Rahmen seiner medizinischen Zielsetzung personell und sachlich ausgestattet ist.[55]

§ 2
Aufnahme,
Verlegung, Entlassung

(1) Im Rahmen der Leistungsfähigkeit des Krankenhauses wird aufgenommen, wer der vollstationären oder teilstationären Krankenhausbehandlung bedarf.

(2) Bei medizinischer Notwendigkeit (insbesondere in Notfällen), können Patienten in ein anderes Krankenhaus verlegt werden. Die Verlegung wird vorher – soweit möglich – mit dem Patienten abgestimmt.

Eine auf Wunsch des gesetzlich Krankenversicherten zu Lasten der gesetzlichen Krankenkasse erfolgende Verlegung in ein wohnortnahes Krankenhaus ist gemäß § 60 SGB V von einer Einwilligung der gesetzlichen Krankenkasse abhängig, wenn die Verlegung nicht aus zwingenden medizinischen Gründen erforderlich ist.[56] Verweigert die gesetzliche Krankenkasse ihre Einwilligung, erfolgt die Verlegung nur auf ausdrücklichen Wunsch und eigene Kosten des gesetzlich Krankenversicherten. Das Krankenhaus informiert den gesetzlich Krankenversicherten hierüber.

(3) Entlassen wird,

a) wer nach dem Urteil des behandelnden Krankenhausarztes der Krankenhausbehandlung nicht mehr bedarf oder

b) die Entlassung ausdrücklich wünscht.

Besteht der Patient entgegen ärztlichem Rat auf seiner Entlassung oder verlässt er eigenmächtig das Krankenhaus, haftet das Krankenhaus für die entstehenden Folgen nicht.

§ 3
Entgelt

Das Entgelt für die Leistungen des Krankenhauses richtet sich nach den gesetzlichen Vorgaben und dem Pflegekostentarif/DRG-Entgelttarif/PEPP-Entgelttarif[57] in der jeweils gültigen Fassung, der Bestandteil dieses Vertrages ist.

§ 4
Abrechnung des Entgelts bei
gesetzlich Krankenversicherten und Heilfürsorgeberechtigten

(1) Soweit ein öffentlich-rechtlicher Kostenträger (z.B. Krankenkassen etc.) nach Maßgabe der jeweils geltenden gesetzlichen Vorschriften zur Zahlung des Entgelts für die Krankenhausleistungen verpflichtet ist, rechnet das Krankenhaus seine Entgelte unmittelbar mit diesem ab. Auf Verlangen des Krankenhauses legt der Patient eine Kostenübernahmeerklärung seines Kostenträgers vor, die alle Leistungen umfasst, die im Einzelfall nach Art und Schwere der Krankheit für die medizinische Versorgung im Krankenhaus notwendig sind.[58]

(2) Gesetzlich Krankenversicherte, bei denen eine Krankenhausbehandlung im Sinne des § 39 Abs. 1 SGB V durchgeführt wird und die erklären, über die vom Krankenhaus erbrachten Leistungen sowie die von den Krankenkassen dafür zu zahlenden Entgelte unterrichtet werden zu wollen, erhalten innerhalb von vier Wochen nach Abschluss der Krankenhausbehandlung eine derartige schriftliche Information, sofern sie bzw. ihre gesetzlichen Vertreter bis spätestens zwei Wochen nach Abschluss der Behandlung dies ausdrücklich gegenüber der Krankenhausverwaltung erklären.[59]

§ 5
Abrechnung des Entgelts bei Selbstzahlern

(1) Selbstzahler sind zur Entrichtung des Entgeltes für die Krankenhausleistungen verpflichtet. Sofern der Patient als Versicherter einer privaten Krankenversicherung von der Möglichkeit einer direkten Abrechnung zwischen dem Krankenhaus und dem privaten Krankenversicherungsunternehmen Gebrauch macht[60], werden Rechnungen unmittelbar gegenüber dem privaten Krankenversicherungsunternehmen erteilt. Voraussetzung für eine solche Direktabrechnung ist, dass der Versicherte schriftlich seine Einwilligung, die jederzeit widerrufen werden kann, erklärt, dass die Daten nach § 301 SGB V im Wege des elektronischen Datenaustausches an das private Krankenversicherungsunternehmen übermittelt werden.

AVB, Behandlungsverträge und Wahlleistungsvereinbarung

(2) Für Krankenhausleistungen können Zwischenrechnungen erteilt werden.[61] Nach Beendigung der Behandlung wird eine Schlussrechnung erstellt.[62]

(3) Die Nachberechnung von Leistungen, die in der Schlussrechnung nicht enthalten sind, und die Berichtigung von Fehlern bleiben vorbehalten.

(4) Der Rechnungsbetrag wird mit Zugang der Rechnung fällig.

(5) Bei Zahlungsverzug können Verzugszinsen in Höhe von fünf Prozentpunkten über dem Basiszinssatz pro Jahr (§ 288 Abs. 1 BGB) berechnet werden; darüber hinaus können Mahngebühren in Höhe von Euro ____ berechnet werden, es sei denn, der Patient weist nach, dass kein oder ein wesentlich geringerer Schaden entstanden ist.[63]

(6) Eine Aufrechnung mit bestrittenen oder nicht rechtskräftig festgestellten Forderungen ist ausgeschlossen.

§ 6
Eingebrachte Sachen

(1) In das Krankenhaus sollen nur die notwendigen Kleidungsstücke und Gebrauchsgegenstände eingebracht werden.

(2) Geld und Wertsachen werden bei der Verwaltung in für das Krankenhaus zumutbarer Weise verwahrt.[64]

(3) Bei handlungsunfähig eingelieferten Patienten werden Geld und Wertsachen in Gegenwart eines Zeugen festgestellt und der Verwaltung zur Verwahrung übergeben.

(4) Zurückgelassene Sachen gehen in das Eigentum des Krankenhauses über, wenn sie nicht innerhalb von 12 Wochen nach Aufforderung abgeholt werden.[65]

(5) Im Fall des Abs. 4 wird in der Aufforderung ausdrücklich darauf verwiesen, dass auf den Herausgabeanspruch verzichtet wird mit der Folge, dass die zurückgelassenen Sachen nach Ablauf der Frist in das Eigentum des Krankenhauses übergehen.

(6) Abs. 4 gilt nicht für Nachlassgegenstände sowie für Geld und Wertsachen, die von der Verwaltung verwahrt werden. Die Aufbewahrung, Herausgabe und Verwertung dieser Sachen erfolgt unter Beachtung der gesetzlichen Bestimmungen.

§ 7
Haftungsbeschränkung[66]

(1) Für den Verlust oder die Beschädigung von eingebrachten Sachen, die in der Obhut des Patienten bleiben, oder von Fahrzeugen des Patienten, die auf dem Krankenhausgrundstück oder auf einem vom Krankenhaus bereitgestellten Parkplatz abgestellt sind, haftet der Krankenhausträger nur bei Vorsatz und grober Fahrlässigkeit; das gleiche gilt bei Verlust von Geld und Wertsachen, die nicht der Verwaltung zur Verwahrung übergeben wurden.

(2) Haftungsansprüche wegen Verlustes oder Beschädigung von Geld und Wertsachen, die durch die Verwaltung verwahrt wurden sowie für Nachlassgegenstände, die sich in der Verwahrung der Verwaltung befunden haben, müssen innerhalb einer Frist von drei Monaten nach Erlangung der Kenntnis von dem Verlust oder der Beschädigung schriftlich geltend gemacht werden; die Frist beginnt frühestens mit der Entlassung des Patienten.

§ 8
Zahlungsort[67]

Der Zahlungspflichtige hat seine Schuld auf seine Gefahr und seine Kosten in _____ zu erfüllen.

§ 9
Hausordnung

Der Patient hat die vom Krankenhaus erlassene Hausordnung zu beachten.[68]

AVB, Behandlungsverträge und Wahlleistungsvereinbarung

> *Hinweis:*
>
> Sofern kein gesetzlicher Krankenversicherungsschutz besteht oder Wahlleistungen in Anspruch genommen werden, die vom gesetzlichen Krankenversicherungsschutz nicht umfasst sind, besteht nach Maßgabe der jeweils geltenden gesetzlichen Vorschriften keine Leistungspflicht eines öffentlich-rechtlichen Kostenträgers (z.B. Krankenkassen etc.). In diesen Fällen ist der Patient als Selbstzahler zur Entrichtung des Entgelts für die Krankenhausleistungen verpflichtet.

_____
Ort, Datum

_____   _____
Unterschrift des Patienten   Unterschrift des Krankenhausmitarbeiters

Ich handele als Vertreter mit Vertretungsmacht/gesetzlicher Vertreter/Betreuer[69]

_____   _____
Name, Vorname des Vertreters   Anschrift des Vertreters

_____
Unterschrift des Vertreters

Anlagen:

- Pflegekostentarif/DRG-Entgelttarif/PEPP-Entgelttarif[70]
- Hausordnung

Empfangsbekenntnis[71]

Ich habe jeweils eine Ausfertigung

[ ] des Behandlungsvertrages

[ ] des Pflegekostentarifs bzw. Krankenhausentgelt- oder PEPP-Entgelttarifs und der Unterrichtung des Patienten nach § 14 BPflV a. F. bzw. § 8 KHEntgG und BPflV n. F.[72]

[ ] der Patienteninformation bei wahlärztlichen Leistungen

[ ] der Wahlleistungsvereinbarung

[ ] des Einverständnisses zur Datenübermittlung zwischen Hausarzt und Krankenhaus

[ ] des Einverständnisses zur Datenübermittlung an ein Unternehmen der privaten Krankenversicherung

[ ] der Information gegenüber Patienten im Krankenhausbereich auf der Grundlage der Art. 12 ff. DS-GVO

[ ] der Information für Kostenerstattungspatienten nach § 13 Abs. 2 SGB V

[ ] der Patienteninformation zum Entlassmanagement

[ ] der Einwilligung in das Entlassmanagement und die Datenverarbeitung

[ ] der Hausordnung

erhalten.

_____   _____
Datum   Unterschrift

AVB, Behandlungsverträge und Wahlleistungsvereinbarung

**Behandlungsvertrag[73]
mit Patienten, die belegärztliche Leistungen
in Anspruch nehmen**

zwischen

Name, Vorname des Patienten[74]

Geburtsdatum des Patienten

Anschrift

und

---
als Träger des Krankenhauses

über die vollstationäre/teilstationäre Behandlung zu den nachfolgend genannten Bedingungen.

§ 1
Krankenhausleistungen

(1) Die vom Krankenhaus angebotenen vollstationären und teilstationären Krankenhausleistungen umfassen die allgemeinen Krankenhausleistungen (§ 2 BPflV, § 2 KHEntgG) und die Wahlleistungen (§ 17 KHEntgG).

(2) Nicht Gegenstand der allgemeinen Krankenhausleistungen sind

    a) die Dialyse, wenn hierdurch eine entsprechende Behandlung fortgeführt wird, das Krankenhaus keine eigene Dialyseeinrichtung hat und ein Zusammenhang mit dem Grund der Krankenhausbehandlung nicht besteht.

    b) die Leistungen der Belegärzte[75], der Beleghebammen/-entbindungspfleger,

c) Hilfsmittel, die dem Patienten bei Beendigung des Krankenhausaufenthaltes mitgegeben werden (z.B. Prothesen, Unterarmstützkrücken, Krankenfahrstühle)[76],

d) die Leichenschau und die Ausstellung einer Todesbescheinigung[77],

e) Leistungen, die nach Entscheidung des Gemeinsamen Bundesausschusses gemäß § 137c SGB V nicht zu Lasten der gesetzlichen Krankenkassen erbracht werden dürfen,

f) Dolmetscherkosten[78].

(3) Die Verpflichtung des Krankenhauses erstreckt sich nicht auf Leistungen des Belegarztes; zu diesen gehören seine persönlichen Leistungen, der ärztliche Bereitschaftsdienst, die von ihm veranlassten Leistungen nachgeordneter Ärzte des Krankenhauses, die in demselben Fachgebiet wie der Belegarzt tätig werden und die von ihm veranlassten Leistungen von Ärzten und ärztlich geleiteten Einrichtungen außerhalb des Krankenhauses.

(4) Wahlleistungen sind mit dem Krankenhaus gesondert zu vereinbaren.

(5) Das Vertragsangebot des Krankenhauses erstreckt sich nur auf diejenigen Leistungen, für die das Krankenhaus im Rahmen seiner medizinischen Zielsetzung personell und sachlich ausgestattet ist.[79]

§ 2
Aufnahme,
Verlegung, Entlassung

(1) Im Rahmen der Leistungsfähigkeit des Krankenhauses wird aufgenommen, wer nach dem Urteil des für die Behandlung verantwortlichen Belegarztes der vollstationären oder teilstationären Krankenhausbehandlung bedarf.

(2) Bei medizinischer Notwendigkeit (insbesondere in Notfällen), können Patienten in ein anderes Krankenhaus verlegt werden. Die Verlegung wird vorher – soweit möglich – mit dem Patienten abgestimmt.

Eine auf Wunsch des gesetzlich Krankenversicherten zu Lasten der gesetzlichen Krankenkasse erfolgende Verlegung in ein wohnortnahes Krankenhaus ist gemäß § 60 SGB V von einer Einwilligung der gesetzlichen Krankenkasse abhängig, wenn die Verlegung nicht aus zwingenden medizinischen Gründen erforderlich ist.[80] Verweigert die gesetzliche Krankenkasse ihre Einwilligung, erfolgt die Verlegung nur auf ausdrücklichen Wunsch und eigene Kosten des gesetzlich Krankenversicherten. Das Krankenhaus informiert den gesetzlich Krankenversicherten hierüber.

AVB, Behandlungsverträge und Wahlleistungsvereinbarung

(3) Entlassen wird,

a) wer nach dem Urteil des für die Behandlung verantwortlichen Belegarztes der Krankenhausbehandlung nicht mehr bedarf oder

b) die Entlassung ausdrücklich wünscht.

Besteht der Patient entgegen ärztlichem Rat auf seiner Entlassung oder verlässt er eigenmächtig das Krankenhaus, haftet das Krankenhaus für die entstehenden Folgen nicht.

§ 3
Entgelt

Das Entgelt für die Leistungen des Krankenhauses richtet sich nach den gesetzlichen Vorgaben und dem Pflegekostentarif/DRG-Entgelttarif/PEPP-Entgelttarif[81] in der jeweils gültigen Fassung, der Bestandteil dieses Vertrages ist.

Der Belegarzt sowie die von ihm hinzugezogenen Ärzte bzw. ärztlich geleiteten Einrichtungen außerhalb des Krankenhauses berechnen ihre Leistungen gesondert.[82]

§ 4
Abrechnung des Entgelts bei
gesetzlich Krankenversicherten und Heilfürsorgeberechtigten

(1) Soweit ein öffentlich-rechtlicher Kostenträger (z.B. Krankenkassen etc.) nach Maßgabe der jeweils geltenden gesetzlichen Vorschriften zur Zahlung des Entgelts für die Krankenhausleistungen verpflichtet ist, rechnet das Krankenhaus seine Entgelte unmittelbar mit diesem ab. Auf Verlangen des Krankenhauses oder des Belegarztes legt der Patient eine Kostenübernahmeerklärung seines Kostenträgers vor, die alle Leistungen umfasst, die im Einzelfall nach Art und Schwere der Krankheit für die medizinische Versorgung im Krankenhaus notwendig sind.[83]

(2) Gesetzlich Krankenversicherte, bei denen eine Krankenhausbehandlung im Sinne des § 39 Abs. 1 SGB V durchgeführt wird und die erklären, über die vom Krankenhaus erbrachten Leistungen sowie die von den Krankenkassen dafür zu zahlenden Entgelte unterrichtet werden zu wollen, erhalten innerhalb von vier Wochen nach Abschluss der Krankenhausbehandlung eine derartige schriftliche Information, sofern sie bzw. ihre gesetzlichen Vertreter bis spätestens zwei Wochen nach Abschluss der Behandlung dies ausdrücklich gegenüber der Krankenhausverwaltung erklären.[84]

§ 5
Abrechnung des Entgelts bei Selbstzahlern

(1) Selbstzahler sind zur Entrichtung des Entgeltes für die Krankenhausleistungen verpflichtet. Sofern der Patient als Versicherter einer privaten Krankenversicherung von der Möglichkeit einer direkten Abrechnung zwischen dem Krankenhaus und dem privaten Krankenversicherungsunternehmen Gebrauch macht[85], werden Rechnungen unmittelbar gegenüber dem privaten Krankenversicherungsunternehmen erteilt. Voraussetzung für eine solche Direktabrechnung ist, dass der Versicherte schriftlich seine Einwilligung, die jederzeit widerrufen werden kann, erklärt, dass die Daten nach § 301 SGB V im Wege des elektronischen Datenaustausches an das private Krankenversicherungsunternehmen übermittelt werden.

(2) Für Krankenhausleistungen können Zwischenrechnungen erteilt werden.[86] Nach Beendigung der Behandlung wird eine Schlussrechnung erstellt.[87]

(3) Die Nachberechnung von Leistungen, die in der Schlussrechnung nicht enthalten sind, und die Berichtigung von Fehlern bleiben vorbehalten.

(4) Der Rechnungsbetrag wird mit Zugang der Rechnung fällig.

(5) Bei Zahlungsverzug können Verzugszinsen in Höhe von fünf Prozentpunkten über dem Basiszinssatz pro Jahr (§ 288 Abs. 1 BGB) berechnet werden; darüber hinaus können Mahngebühren in Höhe von Euro ____ berechnet werden, es sei denn, der Patient weist nach, dass kein oder ein wesentlich geringerer Schaden entstanden ist.[88]

(6) Eine Aufrechnung mit bestrittenen oder nicht rechtskräftig festgestellten Forderungen ist ausgeschlossen.

§ 6
Eingebrachte Sachen

(1) In das Krankenhaus sollen nur die notwendigen Kleidungsstücke und Gebrauchsgegenstände eingebracht werden.

(2) Geld und Wertsachen werden bei der Verwaltung in für das Krankenhaus zumutbarer Weise verwahrt.[89]

(3) Bei handlungsunfähig eingelieferten Patienten werden Geld und Wertsachen in Gegenwart eines Zeugen festgestellt und der Verwaltung zur Verwahrung übergeben.

AVB, Behandlungsverträge und Wahlleistungsvereinbarung

(4) Zurückgelassene Sachen gehen in das Eigentum des Krankenhauses über, wenn sie nicht innerhalb von 12 Wochen nach Aufforderung abgeholt werden.[90]

(5) Im Fall des Absatzes 4 wird in der Aufforderung ausdrücklich darauf verwiesen, dass auf den Herausgabeanspruch verzichtet wird mit der Folge, dass die zurückgelassenen Sachen nach Ablauf der Frist in das Eigentum des Krankenhauses übergehen.

(6) Absatz 4 gilt nicht für Nachlassgegenstände sowie für Geld und Wertsachen, die von der Verwaltung verwahrt werden. Die Aufbewahrung, Herausgabe und Verwertung dieser Sachen erfolgt unter Beachtung der gesetzlichen Bestimmungen.

§ 7
Haftungsbeschränkung[91]

(1) Für den Verlust oder die Beschädigung von eingebrachten Sachen, die in der Obhut des Patienten bleiben, oder von Fahrzeugen des Patienten, die auf dem Krankenhausgrundstück oder auf einem vom Krankenhaus bereitgestellten Parkplatz abgestellt sind, haftet der Krankenhausträger nur bei Vorsatz und grober Fahrlässigkeit; das gleiche gilt bei Verlust von Geld und Wertsachen, die nicht der Verwaltung zur Verwahrung übergeben wurden.

(2) Haftungsansprüche wegen Verlustes oder Beschädigung von Geld und Wertsachen, die durch die Verwaltung verwahrt wurden sowie für Nachlassgegenstände, die sich in der Verwahrung der Verwaltung befunden haben, müssen innerhalb einer Frist von drei Monaten nach Erlangung der Kenntnis von dem Verlust oder der Beschädigung schriftlich geltend gemacht werden; die Frist beginnt frühestens mit der Entlassung des Patienten.

§ 8
Zahlungsort[92]

Der Zahlungspflichtige hat seine Schuld auf seine Gefahr und seine Kosten in _____ zu erfüllen.

§ 9
Hausordnung

Der Patient hat die vom Krankenhaus erlassene Hausordnung zu beachten.[93]

Stationäre Behandlungsverträge ohne separate AVB

> *Hinweis:*
>
> Sofern kein gesetzlicher Krankenversicherungsschutz besteht oder Wahlleistungen in Anspruch genommen werden, die vom gesetzlichen Krankenversicherungsschutz nicht umfasst sind, besteht nach Maßgabe der jeweils geltenden gesetzlichen Vorschriften keine Leistungspflicht eines öffentlich-rechtlichen Kostenträgers (z.B. Krankenkassen etc.). In diesen Fällen ist der Patient als Selbstzahler zur Entrichtung des Entgelts für die Krankenhausleistungen verpflichtet.
>
> Das Krankenhaus haftet nicht für Leistungen der Belegärzte.

Ort, Datum

Unterschrift des Patienten

Unterschrift des Krankenhausmitarbeiters

Ich handele als Vertreter mit Vertretungsmacht/gesetzlicher Vertreter/Betreuer[94]

Name, Vorname des Vertreters

Anschrift des Vertreters

Unterschrift des Vertreters

Anlagen:

- Pflegekostentarif/DRG-Entgelttarif/PEPP-Entgelttarif[95]
- Hausordnung

Empfangsbekenntnis[96]

Ich habe jeweils eine Ausfertigung

[ ] des Behandlungsvertrages

[ ] des Pflegekostentarifs bzw. Krankenhausentgelt- oder PEPP-Entgelttarifs und der Unterrichtung des Patienten nach § 14 BPflV a. F. bzw. § 8 KHEntgG und BPflV n. F.[97]

[ ] der Patienteninformation bei wahlärztlichen Leistungen

[ ] der Wahlleistungsvereinbarung

[ ] des Einverständnisses zur Datenübermittlung zwischen Hausarzt und Krankenhaus

[ ] des Einverständnisses zur Datenübermittlung an ein Unternehmen der privaten Krankenversicherung

[ ] der Information gegenüber Patienten im Krankenhausbereich auf der Grundlage der Art. 12 ff. DS-GVO

[ ] der Information für Kostenerstattungspatienten nach § 13 Abs. 2 SGB V

[ ] der Patienteninformation zum Entlassmanagement

[ ] der Einwilligung in das Entlassmanagement und die Datenverarbeitung

[ ] der Hausordnung

erhalten.

_____   _____
Datum   Unterschrift

Anlagen
zu allen stationären Behandlungsverträgen

Hinweis zum Pflegekostentarif für Krankenhäuser im Anwendungsbereich der BPflV und zur Unterrichtung des Patienten gemäß § 14 BPflV:

Durch das Auslaufen der in § 18 Abs. 1 BPflV geregelten Optionsphase sind Krankenhäuser, die dem Anwendungsbereich der BPflV unterfallen, nunmehr dazu gehalten, ihre Leistungen nach den PEPP-Entgelten abzurechnen. Der bisher in dieser Broschüre als Anlage 1 enthaltene Pflegekostentarif, welcher dem System der tagesgleichen Pflegesätze nach der BPflV in der am 31.12.2012 geltenden Fassung folgt, war somit nicht weiter fortzuführen. Krankenhäuser, die bislang noch kein Budget für das Jahr 2018 nach dem PEPP-System abgeschlossen haben und auf Grund der Fortgeltung der Entgelte derzeit noch tagesgleiche Pflegesätze abrechnen, können für die Unterrichtung der Patienten weiterhin den Pflegekostentarif des Jahres 2017 verwenden. Dieser stellt die letzte überarbeitete Fassung dar.

Der Pflegekostentarif 2017 wird von der Deutschen Krankenhaus Verlagsgesellschaft als kostenfreier Download auf der Internetseite **www.DKVG.de** im Menüpunkt „DKG-Broschüren" zur Verfügung gestellt.

Anlagen zu allen stationären Behandlungsverträgen

Anlage 1

DRG-Entgelttarif 2018 für Krankenhäuser
im Anwendungsbereich des KHEntgG
und Unterrichtung des Patienten gemäß § 8 KHEntgG[98]

Das/die _____ Krankenhaus/Krankenhäuser

des/der _____ (Krankenhausträger)

berechnet/n ab dem _____ folgende Entgelte:

1. Fallpauschalen (DRGs) gemäß § 7 Abs. 1 S. 1 Ziff. 1 KHEntgG

Das Entgelt für die allgemeinen voll- und teilstationären Leistungen des Krankenhauses richtet sich nach den gesetzlichen Vorgaben des KHG sowie des KHEntgG in der jeweils gültigen Fassung. Danach werden allgemeine Krankenhausleistungen überwiegend über diagnoseorientierte Fallpauschalen (sog. Diagnosis Related Groups – DRG) abgerechnet. Entsprechend der DRG-Systematik bemisst sich das konkrete Entgelt nach den individuellen Umständen des Krankheitsfalls.

Die Zuweisung zu einer DRG erfolgt über verschiedene Parameter. Die wichtigsten sind hierbei die Hauptdiagnose sowie gegebenenfalls durchgeführte Prozeduren (Operationen, aufwändige diagnostische oder therapeutische Leistungen). Eventuell vorhandene Nebendiagnosen können zudem die Schweregradeinstufung beeinflussen. Für die Festlegung der Diagnosen beziehungsweise Prozeduren stehen Kataloge mit circa 13.000 Diagnosen (ICD-10-GM Version 2018) und circa 30.000 Prozeduren (OPS Version 2018) zur Verfügung. Neben den bisher genannten können auch andere Faktoren wie z. B. das Alter oder die Entlassungsart Auswirkung auf die Zuweisung einer DRG haben.

Die genauen Definitionen der einzelnen DRGs sind im jeweils aktuell gültigen DRG-Klassifikationssystem (DRG-Definitionshandbuch) festgelegt. Das DRG-Definitionshandbuch beschreibt die DRGs einerseits alphanumerisch, andererseits mittels textlichen Definitionen. Ergänzend finden sich hier auch Tabellen von zugehörigen Diagnosen oder Prozeduren.

Die jeweilige DRG ist mit einem entsprechenden Relativgewicht bewertet, welches im Rahmen der DRG-Systempflege jährlich variieren kann. Diesem Relativgewicht ist ein in Euro ausgedrückter Basisfallwert (festgesetzter Wert einer Bezugsleistung)

AVB, Behandlungsverträge und Wahlleistungsvereinbarung

zugeordnet. Der derzeit gültige Basisfallwert liegt bei ▓▓▓ € und unterliegt jährlichen Veränderungen. Aus der Multiplikation von Relativgewicht und Basisfallwert ergibt sich der Preis für den Behandlungsfall.

Beispiel (Basisfallwert hypothetisch):

DRG	DRG-Definition	Relativgewicht	Basisfallwert	Entgelt
B79Z	Schädelfrakturen, Somnolenz, Sopor	0,718	€ 3.500,00	€ 2.513,00
I04Z	Implantation, Wechsel oder Entfernung einer Endoprothese am Kniegelenk mit komplizierender Diagnose oder Arthrodese	3,621	€ 3.500,00	€ 12.673,50

Welche DRG bei Ihrem Krankheitsbild letztlich für die Abrechnung heranzuziehen ist, lässt sich nicht vorhersagen. Hierfür kommt es darauf an, welche Diagnose(n) am Ende des stationären Aufenthaltes gestellt und welche diagnostischen beziehungsweise therapeutischen Leistungen im Fortgang des Behandlungsgeschehens konkret erbracht werden. Für das Jahr 2018 werden die bundeseinheitlichen Fallpauschalen durch die Anlage 1 der Fallpauschalenvereinbarung 2018 (FPV 2018) vorgegeben.

2. Über- und Unterschreiten der Grenzverweildauer bzw. der mittleren Verweildauer der Fallpauschale (DRG) gemäß § 1 Abs. 2 und 3 sowie § 3 Abs. 1 und 2 FPV 2018

Der nach der oben beschriebenen DRG-Systematik zu ermittelnde Preis setzt voraus, dass DRG-spezifische Grenzen für die Verweildauer im Krankenhaus nicht über- oder unterschritten werden. Bei Über- oder Unterschreiten dieser Verweildauern werden gesetzlich vorgegebene Zu- oder Abschläge fällig. Die näheren Einzelheiten und das Berechnungsverfahren hierzu regelt die Vereinbarung zum Fallpauschalensystem für Krankenhäuser für das Jahr 2018 (FPV 2018).

3. Zusatzentgelte nach den Zusatzentgeltekatalogen gemäß § 5 FPV 2017

Soweit dies zur Ergänzung der Fallpauschalen in eng begrenzten Ausnahmefällen erforderlich ist, können die für die Entwicklung und Pflege des deutschen DRG-Systems zuständigen Selbstverwaltungspartner auf der Bundesebene (Spitzenverband Bund der Krankenkassen, PKV-Verband und Deutsche Krankenhausgesellschaft) gemäß § 17b Abs. 1 S. 7 KHG Zusatzentgelte für Leistungen, Leistungskomplexe oder Arzneimittel vereinbaren. Dies gilt auch für die Höhe der Entgelte. Für das Jahr 2018 werden die **bundeseinheitlichen Zusatzentgelte** durch die Anlage 2 in Verbindung mit der Anlage 5 der FPV 2018 vorgegeben.

Daneben können für die in Anlage 4 in Verbindung mit Anlage 6 der FPV 2018 genannten Zusatzentgelte **krankenhausindividuelle Zusatzentgelte** nach § 6 Abs. 1 KHEntgG vereinbart werden. Diese Zusatzentgelte können zusätzlich zu den DRG-Fallpauschalen oder den Entgelten nach § 6 Abs. 1 KHEntgG abgerechnet werden.

Können für die Leistungen nach Anlage 4 bzw. 6 FPV 2018 auf Grund einer fehlenden Vereinbarung noch keine krankenhausindividuellen Zusatzentgelte abgerechnet werden, sind für jedes Zusatzentgelt **600,00 €** abzurechnen.

Wurden in der Budgetvereinbarung für das Jahr 2018 für Leistungen nach Anlage 4 bzw. 6 FPV 2018 keine krankenhausindividuellen Zusatzentgelte vereinbart, sind im Einzelfall auf der Grundlage von § 8 Abs. 1 S. 3 KHEntgG für jedes Zusatzentgelt **600,00 €** abzurechnen.

Das Krankenhaus berechnet folgende Zusatzentgelte:

_____
_____
_____

4. Sonstige Entgelte für Leistungen gemäß § 7 FPV 2018

Für die Vergütung von Leistungen, die noch nicht von den DRG-Fallpauschalen und Zusatzentgelten sachgerecht vergütet werden, hat das Krankenhaus gemäß § 6 Abs. 1 KHEntgG mit den zuständigen Kostenträgern folgende fall- bzw. tagesbezogene krankenhausindividuelle Entgelte vereinbart:

- z.B. Leistungen nach Anlage 3a und 3b FPV 2018

_____
_____
_____

- z.B. unbewertete teilstationäre Leistungen, die nicht in Anlage 3b aufgeführt sind

_____
_____
_____

- z.B. Leistungen besonderer Einrichtungen nach § 17b Abs. 1 S. 10 KHG

_____
_____

AVB, Behandlungsverträge und Wahlleistungsvereinbarung

Können für die Leistungen nach **Anlage 3a** FPV 2018 auf Grund einer fehlenden Vereinbarung noch keine krankenhausindividuellen Entgelte abgerechnet werden, sind für jeden Belegungstag **600,00 €** abzurechnen. Können für die Leistungen nach **Anlage 3b** FPV 2018 auf Grund einer fehlenden Vereinbarung noch keine krankenhausindividuellen Entgelte abgerechnet werden, sind für jeden Belegungstag **300,00 €** abzurechnen.

Wurden in der Budgetvereinbarung für das Jahr 2018 für Leistungen nach **Anlage 3a** FPV 2018 keine Entgelte vereinbart, sind im Einzelfall auf der Grundlage von § 8 Abs. 1 S. 3 KHEntgG für jeden Belegungstag **450,00 €** abzurechnen.

5. Zusatzentgelte für spezialisierte Leistungen gemäß § 7 Abs. 1 S. 1 Ziff. 3 KHEntgG

Für folgende Leistungen, die den Fallpauschalen und Zusatzentgelten aus den Entgeltkatalogen nach § 7 S. 1 Nr. 1 und 2 KHEntgG zwar zugeordnet, mit ihnen jedoch nicht sachgerecht vergütet werden, hat das Krankenhaus gemäß § 6 Abs. 2a KHEntgG folgende gesonderte Zusatzentgelte vereinbart:

Leistung	Zusatzentgelt
_____	_____
_____	_____
_____	_____

6. Zu- und Abschläge gemäß § 7 Abs. 1 S. 1 Ziff. 4 KHEntgG

Das Krankenhaus berechnet außerdem folgende Zu- und Abschläge:

- Zuschlag zur Finanzierung von Ausbildungskosten nach § 17a KHG je voll- und teilstationärem Fall

    in Höhe von ____ €

- Zuschlag für die medizinisch notwendige Aufnahme von Begleitpersonen in Höhe von 45,00 € pro Tag[99]

- Sicherstellungszuschlag

Anlagen zu allen stationären Behandlungsverträgen

- Zuschlag für Zentren/Schwerpunkte

- Abschlag wegen Nichtteilnahme an der Notfallversorgung gemäß § 4 Abs. 6 KHEntgG in Höhe von 50,00 €[100]

- Zu- oder Abschlag für Erlösausgleiche gemäß § 5 Abs. 4 KHEntgG

    in Höhe von ___ %

    auf die abgerechnete Höhe der DRG-Fallpauschalen und die Zusatzentgelte sowie auf die sonstigen Entgelte nach § 6 Abs. 1 Satz 1 und Abs. 2a KHEntgG

- Zu- oder Abschlag bei Eingliederung von besonderen Einrichtungen in das DRG-Vergütungssystem gemäß § 4 Abs. 7 KHEntgG

    in Höhe von ___ %

    auf die abgerechnete Höhe der DRG-Fallpauschalen und die Zusatzentgelte sowie auf die sonstigen Entgelte nach § 6 Abs. 1 Satz 1 und Abs. 2a KHEntgG

- Fixkostendegressionsabschlag gemäß § 4 Abs. 2b KHEntgG

    in Höhe von ___ %[101]

    auf alle mit dem Landesbasisfallwert vergüteten Leistungen.

- Zuschlag nach § 4 Abs. 8 KHEntgG zur finanziellen Förderung der zusätzlichen Personalkosten bei der Neueinstellung oder Aufstockung vorhandener Stellen von ausgebildetem Pflegepersonal mit einer Berufserlaubnis nach § 1 Krankenpflegegesetz

    in Höhe von ___%

    auf die abgerechnete Höhe der DRG-Fallpauschalen und die Zusatzentgelte gemäß § 7 Abs. 1 Satz 1 Nr. 1 und 2 KHEntgG sowie auf die sonstigen Entgelte nach § 6 Abs. 1 Satz 1 und Abs. 2a KHEntgG.

AVB, Behandlungsverträge und Wahlleistungsvereinbarung

- Zuschlag zur finanziellen Förderung der personellen Ausstattung in der Krankenhaushygiene gemäß § 4 Abs. 9 KHEntgG

 in Höhe von ___%

 auf die abgerechnete Höhe der DRG-Fallpauschalen und die Zusatzentgelte gemäß § 7 Abs. 1 Satz 1 Nr. 1 und 2 KHEntgG sowie auf die sonstigen Entgelte nach § 6 Abs. 1 Satz 1 und Abs. 2a KHEntgG.

- Zuschlag für die Finanzierung von Mehrkosten, die durch Mindestanforderungen an die Struktur- und Prozessqualität in Richtlinien des Gemeinsamen Bundesausschusses zur Qualitätssicherung entstehen nach § 5 Abs. 3c KHEntgG

 in Höhe von ___ €[102]

- Pflegezuschlag bei sämtlichen **ab dem 01.01.2017 aufgenommenen** Patientinnen oder Patienten, die zur vollstationären Behandlung in das Krankenhaus aufgenommen werden gemäß § 8 Abs. 10 KHEntgG je vollstationärem Fall

 in Höhe von ___ €

- Zu- und Abschläge für die Beteiligung der Krankenhäuser an Maßnahmen zur Qualitätssicherung nach § 17b Abs. 1a Nr. 4 KHG

 _____

 _____

- Zuschlag für die Beteiligung ganzer Krankenhäuser oder wesentlicher Teile der Einrichtungen an einrichtungsübergreifenden Fehlermeldesystemen nach § 17b Abs. 1a Nr. 4 KHG je abgerechneten vollstationären Fall

 in Höhe von 0,20 €

- Zuschlag für klinische Sektionen nach § 5 Abs. 3b KHEntgG je voll- und teilstationären Fall

 in Höhe von …€[103]

Anlagen zu allen stationären Behandlungsverträgen

7. Entgelte für neue Untersuchungs- und Behandlungsmethoden gemäß § 7 Abs. 1 Ziff. 6 KHEntgG

Für die Vergütung von neuen Untersuchungs- und Behandlungsmethoden, die noch nicht mit den DRG-Fallpauschalen und bundeseinheitlich festgelegten Zusatzentgelten sachgerecht vergütet werden können und die nicht gemäß § 137c SGB V von der Finanzierung ausgeschlossen sind, rechnet das Krankenhaus gemäß § 6 Abs. 2 KHEntgG folgende zeitlich befristete fallbezogene Entgelte oder Zusatzentgelte ab:

_____
_____
_____
_____

8. Zuschläge zur Finanzierung von Selbstverwaltungsaufgaben

- DRG-Systemzuschlag nach § 17b Abs. 5 KHG für jeden abzurechnenden voll- und teilstationären Krankenhausfall

    in Höhe von ___ €

- Zuschlag für die Finanzierung des Instituts für Qualität und Wirtschaftlichkeit im Gesundheitswesen nach § 139a i.V.m. § 139c SGB V und für die Finanzierung des Gemeinsamen Bundesausschusses nach § 91 i.V.m. § 139c SGB V bzw. des Instituts für Qualität und Transparenz im Gesundheitswesen nach § 137a Abs. 8 i.V.m. § 139c SGB V für jeden abzurechnenden voll- und teilstationären Krankenhausfall

    in Höhe von ___ €[104]

9. Telematikzuschlag nach § 291a Abs. 7a S. 1 SGB V

- Zuschlag für die Finanzierung der den Krankenhäusern entstehenden Investitions- und Betriebskosten der erforderlichen erstmaligen Ausstattungskosten in der Festlegungs-, Erprobungs- und Einführungsphase der elektronischen Gesundheitskarte (Telematikzuschlag) nach § 291a Abs. 7a S. 1 SGB V für jeden abzurechnenden voll- und teilstationären Krankenhausfall

    in Höhe von ___ €

AVB, Behandlungsverträge und Wahlleistungsvereinbarung

10. Entgelte für vor- und nachstationäre Behandlungen gemäß § 115a SGB V

Gemäß § 115a SGB V berechnet das Krankenhaus für vor- und nachstationäre Behandlungen folgende Entgelte, soweit diese nicht bereits mit der Fallpauschale abgegolten sind:

a. vorstationäre Behandlung

_____
_____
_____

b. nachstationäre Behandlung

_____
_____
_____

c. Leistungen mit medizinisch-technischen Großgeräten

- Computer-Tomographie-Geräte (CT):   _____
- Magnet-Resonanz-Geräte (MR):   _____
- Linksherzkatheter-Messplätze (LHM):   _____
- Hochvolttherapie-Geräte: _____
- Positronen-Emissions-Tomographie-Geräte (PET):   _____

Gemäß § 8 Abs. 2 S. 3 Nr. 3 KHEntgG ist eine **vorstationäre Behandlung** neben einer Fallpauschale (DRG) nicht gesondert abrechenbar. Eine **nachstationäre Behandlung** kann zusätzlich zur Fallpauschale (DRG) berechnet werden, soweit die Summe aus den stationären Belegungstagen und den vor- und nachstationären Behandlungstagen die Grenzverweildauer der Fallpauschale (DRG) übersteigt.

11. Entgelte für sonstige Leistungen

1. Für Leistungen im Zusammenhang mit dem stationären Aufenthalt aus Anlass einer Begutachtung berechnen das Krankenhaus sowie der liquidationsberechtigte Arzt ein Entgelt nach Aufwand.

2. Für die Vornahme der Leichenschau und die Ausstellung einer Todesbescheinigung berechnet das Krankenhaus ___ €.

3. ...

Anlagen zu allen stationären Behandlungsverträgen

12. Zuzahlungen

Zuzahlungspflicht der gesetzlich versicherten Patienten

Als Eigenbeteiligung zieht das Krankenhaus vom gesetzlich versicherten Patienten von Beginn der vollstationären Krankenhausbehandlung an – innerhalb eines Kalenderjahres für höchstens 28 Tage – eine Zuzahlung ein (§ 39 Abs. 4 SGB V). Der Zuzahlungsbetrag beträgt zurzeit € 10,-- je Kalendertag (§ 61 S. 2 SGB V). Dieser Betrag wird vom Krankenhaus nach § 43c Abs. 3 SGB V **im Auftrag der gesetzlichen Krankenkassen** beim Patienten eingefordert.

13. Wiederaufnahme und Rückverlegung

Im Falle der Wiederaufnahme in dasselbe Krankenhaus gemäß § 2 FPV 2018 oder der Rückverlegung gemäß § 3 Abs. 3 FPV 2018 werden die Falldaten der Krankenhausaufenthalte nach Maßgabe des § 2 Abs. 4 FPV 2018 zusammengefasst und abgerechnet.

14. Belegärzte, Beleghebammen/-entbindungspfleger

Mit den Entgelten nach Nr. 1–11 sind nicht abgegolten:

1. die ärztlichen Leistungen von Belegärzten in Belegkrankenhäusern und Belegabteilungen sowie die von ihnen veranlassten Leistungen von Ärzten und ärztlich geleiteten Einrichtungen außerhalb des Krankenhauses;

2. die Leistungen von Beleghebammen/-entbindungspflegern.

Diese Leistungen werden von dem Belegarzt bzw. der Hebamme/dem Entbindungspfleger gesondert berechnet.[105]

15. Entgelte für Wahlleistungen

Die außerhalb der allgemeinen Krankenhausleistungen in Anspruch genommenen Wahlleistungen werden gesondert berechnet. Einzelheiten der Berechnung lassen sich der jeweiligen Wahlleistungsvereinbarung und der Patienteninformation über die Entgelte der wahlärztlichen Leistungen entnehmen.

AVB, Behandlungsverträge und Wahlleistungsvereinbarung

Inkrafttreten

Dieser DRG-Entgelttarif tritt am _____ in Kraft. Gleichzeitig wird der DRG-Entgelttarif/Pflegekostentarif vom _____ aufgehoben.

Sehr geehrte Patientin, sehr geehrter Patient,

sollten Sie zu Einzelheiten noch ergänzende Fragen haben, stehen Ihnen folgende Mitarbeiter unseres Krankenhauses hierfür gerne zur Verfügung:

_____

Gleichzeitig können Sie dort auch jederzeit Einsicht in das DRG-Klassifikationssystem mit den zugehörigen Kostengewichten sowie die zugehörigen Abrechnungsregeln nehmen.

Insgesamt kann die Vergütung der allgemeinen Krankenhausleistungen und der Wahlleistungen eine nicht unerhebliche finanzielle Belastung bedeuten. Dies gilt insbesondere für Selbstzahler. Prüfen Sie bitte, ob Sie in vollem Umfang für eine Krankenhausbehandlung versichert sind.

Anlagen zu allen stationären Behandlungsverträgen

Anlage 2

PEPP-Entgelttarif 2018 für Krankenhäuser im Anwendungsbereich der BPflV und Unterrichtung des Patienten gemäß § 8 Abs. 6 BPflV

Das/die _____ Krankenhaus/Krankenhäuser

des/der _____ (Krankenhausträger)

berechnet/n ab dem _____ folgende Entgelte:

Die Entgelte für die allgemeinen vollstationären, stationsäquivalenten und teilstationären Leistungen des Krankenhauses richten sich nach den gesetzlichen Vorgaben des KHG sowie der BPflV in der jeweils gültigen Fassung. Danach werden allgemeine Krankenhausleistungen überwiegend über mit Bewertungsrelationen bewertete pauschalierende Entgelte für Psychiatrie und Psychosomatik (PEPP) anhand des PEPP-Entgeltkataloges abgerechnet.

1. Pauschalierende Entgelte für Psychiatrie und Psychosomatik (PEPP) gemäß § 7 S. 1 Nr. 1 BPflV i.V.m. § 1 Absatz 1 PEPPV 2018

Jedem PEPP ist mindestens eine tagesbezogene Bewertungsrelation hinterlegt, deren Höhe sich aus den unterschiedlichen Vergütungsklassen des PEPP-Entgeltkataloges ergibt. Die Bewertungsrelationen können im Rahmen der Systempflege jährlich variieren. Die für die Berechnung des PEPP jeweils maßgebliche Vergütungsklasse ergibt sich aus der jeweiligen Verweildauer des Patienten im Krankenhaus. Der Bewertungsrelation ist ein in Euro ausgedrückter Basisentgeltwert (festgesetzter Wert einer Bezugsleistung) zugeordnet. Der derzeit gültige Basisentgeltwert liegt bei _____ € und unterliegt ebenfalls jährlichen Veränderungen.

Die Entgelthöhe je Tag wird ermittelt, indem die im Entgeltkatalog ausgewiesene maßgebliche Bewertungsrelation nach Anlage 1a oder Anlage 2a bzw. Anlage 5 der PEPPV 2018 jeweils mit dem Basisentgeltwert multipliziert und das Ergebnis kaufmännisch auf zwei Nachkommastellen gerundet wird. Für die Rechnungsstellung wird die Anzahl der Berechnungstage je Entgelt addiert und mit dem ermittelten Entgeltbetrag multipliziert. Berechnungstage sind der Aufnahmetag sowie jeder weitere Tag des Krankenhausaufenthalts inklusive des Verlegungs- oder Entlassungstages aus dem Krankenhaus; wird ein Patient am gleichen Tag aufgenommen und verlegt oder entlassen, gilt dieser Tag als Aufnahmetag und zählt als ein Berechnungstag.

AVB, Behandlungsverträge und Wahlleistungsvereinbarung

Anlage 1a			PEPP-Version 2018
	PEPP-Entgeltkatalog		
	Bewertungsrelationen bei vollstationärer Versorgung		

PEPP	Bezeichnung	Anzahl Berechnungtage / Vergütungsklasse	Bewertungsrelation je Tag
1	2	3	4
PA04A	Affektive, neurotische, Belastungs-, somatoforme und Schlafstörungen, Alter > 84 Jahre oder mit komplizierender Diagnose und Alter > 64 Jahre, oder mit komplizierender Konstellation oder mit hoher Therapieintensität	1	1,3778
		2	1,2266
		3	1,2150
		4	1,2028
		5	1,1906
		6	1,1784
		7	1,1662
		8	1,1540
		9	1,1418
		10	1,1297
		11	1,1175
		12	1,1053
		13	1,0931
		14	1,0809
		15	1,0687
		16	1,0566

Anhand des nachfolgenden Beispiels bemisst sich die konkrete Entgelthöhe für die **PEPP PA04A** bei einem **hypothetischen Basisentgeltwert von 250,00 €** und einer **Verweildauer von 12 Berechnungstagen** wie folgt:

PEPP	Bezeichnung	Bewertungs-relation	Basis-entgeltwert	Entgelthöhe
PA04A	Affektive, neurotische, Belastungs-, somatoforme und Schlafstörungen, Alter > 84 Jahre oder mit komplizierender Diagnose und Alter > 64 Jahre, oder mit komplizierender Konstellation oder mit hoher Therapieintensität	1,1053	250,00 €	12 x 276,33 = 3.315,96 €

Bei einer **Verweildauer von z.B. 29 Berechnungstagen** ist die tatsächliche Verweildauer länger als die letzte im Katalog ausgewiesene Vergütungsklasse. Damit ist für die Abrechnung die Bewertungsrelation der letzten Vergütungsklasse heranzuziehen.

Dies würde zu folgendem Entgelt führen:

PEPP	Bezeichnung	Bewertungs-relation	Basis-entgeltwert	Entgelt
PA04A	Affektive, neurotische, Belastungs-, somatoforme und Schlafstörungen, Alter > 84 Jahre oder mit komplizierender Diagnose und Alter > 64 Jahre, oder mit komplizierender Konstellation oder mit hoher Therapieintensität	1,0566	250,00	29 x 264,15 = 7.660,35 €

Anlagen zu allen stationären Behandlungsverträgen

Welche PEPP bei Ihrem Krankheitsbild letztlich für die Abrechnung heranzuziehen ist, lässt sich nicht vorhersagen. Hierfür kommt es insbesondere darauf an, welche Diagnose(n) am Ende des stationären Aufenthaltes gestellt und welche diagnostischen beziehungsweise therapeutischen Leistungen im Fortgang des Behandlungsgeschehens konkret erbracht werden. Für das Jahr 2018 werden die mit Bewertungsrelationen bewerteten Entgelte durch die Anlagen 1a und 2a bzw. die Anlage 5 der PEPP-Vereinbarung 2018 (PEPPV 2018) vorgegeben.

2. Ergänzende Tagesentgelte gemäß § 6 PEPPV 2018

Zusätzlich zu den mit Bewertungsrelationen bewerteten Entgelten nach den Anlagen 1a und 2a PEPPV 2018 oder zu den Entgelten nach § 6 Absatz 1 BPflV können bundeseinheitliche ergänzende Tagesentgelte nach der Anlage 5 PEPPV 2018 abgerechnet werden. Die ergänzenden Tagesentgelte sind wie die PEPP mit Bewertungsrelationen hinterlegt:

Anlage 5 — PEPP-Version 2018

PEPP-Entgeltkatalog
Katalog ergänzender Tagesentgelte

ET	Bezeichnung	ET$_D$	OPS Version 2018		Bewertungs-relation je Tag
			OPS-Kode	OPS-Text	
1	2	3	4	5	6
ET01	Erhöhter Betreuungsaufwand bei psychischen und psychosomatischen Störungen und Verhaltensstörungen bei Erwachsenen		9-640.0	Erhöhter Betreuungsaufwand bei psychischen und psychosomatischen Störungen und Verhaltensstörungen bei Erwachsenen: 1:1-Betreuung	
		ET01.04	9-640.06	6 bis unter 12 Stunden pro Tag	1,2833
		ET01.05	9-640.07	12 bis unter 18 Stunden pro Tag	2,0717
		ET01.06	9-640.08	18 oder mehr Stunden pro Tag	3,1237
ET02 [1]	Intensivbehandlung bei psychischen und psychosomatischen Störungen und Verhaltensstörungen bei erwachsenen Patienten mit mindestens 3 Merkmalen	ET02.03	9-619	Intensivbehandlung bei psychischen und psychosomatischen Störungen und Verhaltensstörungen bei erwachsenen Patienten mit 3 Merkmalen	0,1667
		ET02.04	9-61a	Intensivbehandlung bei psychischen und psychosomatischen Störungen und Verhaltensstörungen bei erwachsenen Patienten mit 4 Merkmalen	0,2065
		ET02.05	9-61b	Intensivbehandlung bei psychischen und psychosomatischen Störungen und Verhaltensstörungen bei erwachsenen Patienten mit 5 oder mehr Merkmalen	0,2517
ET04	Intensive Beaufsichtigung mit Überwachung in einer Kleinstgruppe bei psychischen und/oder psychosomatischen Störungen und/oder Verhaltensstörungen bei Kindern oder Jugendlichen		9-693.0	Intensive Beaufsichtigung mit Überwachung in einer Kleinstgruppe bei psychischen und/oder Verhaltensstörungen bei Kindern oder Jugendlichen	
		ET04.01	9-693.03	Mehr als 8 bis zu 12 Stunden pro Tag	0,4675
		ET04.02	9-693.04	12 bis unter 18 Stunden pro Tag	0,8140
		ET04.03	9-693.05	Mehr als 18 Stunden pro Tag	1,1726
ET05	Einzelbetreuung bei psychischen und psychosomatischen Störungen und Verhaltensstörungen bei Kindern oder Jugendlichen		9-693.1	Einzelbetreuung bei psychischen und/oder psychosomatischen Störungen und/oder Verhaltensstörungen bei Kindern oder Jugendlichen	
		ET05.01	9-693.13	Mehr als 8 bis zu 12 Stunden pro Tag	1,4425
		ET05.02	9-693.14	Mehr als 12 bis 18 Stunden pro Tag	2,0012
		ET05.03	9-693.15	Mehr als 18 Stunden pro Tag	3,1073

Fußnoten:

[1] Abrechenbar ist jeder Tag mit Gültigkeit eines OPS-Kodes gem. Spalte 4, an dem der Patient stationär behandelt wird. Vollständige Tage der Abwesenheit während der Gültigkeitsdauer eines OPS-Kodes gem. Spalte 4 sind nicht abrechenbar.

AVB, Behandlungsverträge und Wahlleistungsvereinbarung

Die Entgelthöhe je Tag wird ermittelt, indem die im Entgeltkatalog ausgewiesene maßgebliche Bewertungsrelation nach Anlage 5 PEPPV 2018 jeweils mit dem Basisentgeltwert multipliziert und das Ergebnis kaufmännisch auf zwei Nachkommastellen gerundet wird. Für die Rechnungsstellung wird die Anzahl der Berechnungstage je Entgelt addiert und mit dem ermittelten Entgeltbetrag multipliziert.

3. Zusatzentgelte nach den Zusatzentgeltekatalogen gemäß § 5 PEPPV 2018

Gemäß § 17d Abs. 2 KHG können, soweit dies zur Ergänzung der Entgelte in eng begrenzten Ausnahmefällen erforderlich ist, die Vertragsparteien auf Bundesebene Zusatzentgelte und deren Höhe vereinbaren. Für das Jahr 2018 werden die **bundeseinheitlichen Zusatzentgelte** nach § 5 Abs. 1 PEPPV 2018 in Verbindung mit der **Anlage 3** PEPPV 2018 vorgegeben. Daneben können nach § 5 Abs. 2 PEPPV 2018 für die in **Anlage 4** PEPPV 2018 benannten, mit dem bundeseinheitlichen Zusatzentgelte-Katalog nicht bewerteten Leistungen **krankenhausindividuelle Zusatzentgelte** nach § 6 Abs. 1 BPflV vereinbart werden.

Zusatzentgelte können zusätzlich zu den mit Bewertungsrelationen bewerteten Entgelten nach den Anlagen 1a, und 2a und 5 PEPPV 2018 oder zu den Entgelten nach § 6 Absatz 1 BPflV abgerechnet werden.

Können für die Leistungen nach **Anlage 4** auf Grund einer fehlenden Vereinbarung für den Vereinbarungszeitraum 2018 noch keine krankenhausindividuellen Zusatzentgelte abgerechnet werden, sind für jedes Zusatzentgelt **600 Euro** abzurechnen.

Wurden für Leistungen nach **Anlage 4** im Jahr 2018 keine Zusatzentgelte vereinbart, sind im Einzelfall auf der Grundlage von § 8 Absatz 1 Satz 3 der Bundespflegesatzverordnung für jedes Zusatzentgelt **600 Euro** abzurechnen.

Das Krankenhaus berechnet folgende Zusatzentgelte:

_____
_____
_____

4. Sonstige Entgelte für Leistungen gemäß § 8 PEPPV 2018

Für Leistungen, die mit den bewerteten Entgelten noch nicht sachgerecht vergütet werden können, haben die Vertragsparteien grundsätzlich die Möglichkeit sonstige Entgelte nach § 6 Abs. 1 S. 1 BPflV zu vereinbaren. Die krankenhausindividuell zu vereinbarenden Entgelte ergeben sich für den Vereinbarungszeitraum 2018 aus den Anlagen 1b, 2b und 6b PEPPV 2018.

Anlagen zu allen stationären Behandlungsverträgen

Können für die Leistungen nach **Anlage 1b** PEPPV 2018 auf Grund einer fehlenden Vereinbarung für den Vereinbarungszeitraum 2018 noch keine krankenhausindividuellen Entgelte abgerechnet werden, sind für jeden vollstationären Berechnungstag **250 Euro** abzurechnen. Können für die Leistungen nach **Anlage 2b** PEPPV 2018 auf Grund einer fehlenden Vereinbarung für den Vereinbarungszeitraum 2018 noch keine krankenhausindividuellen Entgelte abgerechnet werden, sind für jeden teilstationären Berechnungstag **190 Euro** abzurechnen. Können für die Leistungen nach Anlage 6b auf Grund einer fehlenden Vereinbarung für den Vereinbarungszeitraum 2018 noch keine krankenhausindividuellen Entgelte abgerechnet werden, sind für jeden stationsäquivalenten Berechnungstag 200 Euro abzurechnen.

Wurden für Leistungen nach den **Anlagen 1b und 2b** PEPPV 2018 im Jahr 2018 keine Entgelte vereinbart, sind im Einzelfall auf der Grundlage von § 8 Absatz 1 Satz 3 der Bundespflegesatzverordnung für jeden vollstationären Berechnungstag **250 Euro** und für jeden teilstationären Berechnungstag **190 Euro** abzurechnen.

Das Krankenhaus berechnet folgende sonstige Entgelte:

_____
_____
_____

5. Zu- und Abschläge gemäß § 7 BPflV

Zu- und abschläge für die Beteiligung der Krankenhäuser an Maßnahmen zur Qualitätssicherung nach § 17d Abs. 2 S. 4 i.V.m. § 17b Abs. 1a Nr. 4 KHG

_____
_____

Zuschläge zur Finanzierung von Selbstverwaltungsaufgaben und besondere Tatbestände

- DRG-Systemzuschlag nach § 17b Abs. 5 KHG für jeden abzurechnenden voll- und teilstationären Krankenhausfall

  in Höhe von ___ €

AVB, Behandlungsverträge und Wahlleistungsvereinbarung

- Zuschlag für die Finanzierung des Gemeinsamen Bundesausschusses nach § 91 i.V.m. § 139c SGB V und für die Finanzierung des Instituts für Qualität und Wirtschaftlichkeit nach § 139a i.V.m. § 139c SGB V bzw. des Instituts für Qualität und Transparenz im Gesundheitswesen nach § 137a Abs. 8 i.V.m. § 139c SGB V für jeden abzurechnenden Krankenhausfall

    in Höhe von ___ €[106]

- Zuschlag für die Finanzierung der den Krankenhäusern entstehenden Investitions- und Betriebskosten der erforderlichen erstmaligen Ausstattungskosten in der Festlegungs-, Erprobungs- und Einführungsphase der elektronischen Gesundheitskarte (Telematikzuschlag) nach § 291a Abs. 7a S. 1 SGB V für jeden abzurechnenden voll- und teilstationären Krankenhausfall

    in Höhe von ___ €

- Zuschlag für Ausbildungskosten nach § 17a Abs. 6 KHG je voll- und teilstationärem Fall

    in Höhe von ___ €

- Zuschlag für die Finanzierung von Mehrkosten, die durch Mindestanforderungen an die Struktur- und Prozessqualität in Richtlinien des Gemeinsamen Bundesausschusses zur Qualitätssicherung entstehen nach § 5 Abs. 3c KHEntgG

    in Höhe von ___ €[107]

- Zuschlag für die medizinisch notwendige Aufnahme von Begleitpersonen in Höhe von ... € pro Tag[108]

- Zuschlag für Zentren/Schwerpunkte

- Zuschlag für die Beteiligung ganzer Krankenhäuser oder wesentlicher Teile der Einrichtungen an einrichtungsübergreifenden Fehlermeldesystemen nach § 17b Abs. 1a Nr. 4 KHG je abgerechneten vollstationärem Fall

    in Höhe von 0,20 €

Anlagen zu allen stationären Behandlungsverträgen

6. Entgelte für vor- und nachstationäre Behandlungen gemäß § 115a SGB V

Gemäß § 115a SGB V berechnet das Krankenhaus für vor- und nachstationäre Behandlungen folgende Entgelte:

a) vorstationäre Behandlung	
- Psychiatrie und Psychotherapie - Kinder- und Jugendpsychiatrie und -psychotherapie - Psychosomatik - Psychotherapeutische Medizin	___ € ___ € ___ € ___ €
b) nachstationäre Behandlung	
- Psychiatrie und Psychotherapie - Kinder- und Jugendpsychiatrie und -psychotherapie - Psychosomatik - Psychotherapeutische Medizin	___ € ___ € ___ € ___ €

c) Leistungen mit medizinisch-technischen Großgeräten

- _____
- _____
- _____
- _____

7. Entgelte für sonstige Leistungen

1. Für Leistungen im Zusammenhang mit dem stationären Aufenthalt aus Anlass einer Begutachtung berechnen das Krankenhaus sowie der liquidationsberechtigte Arzt ein Entgelt nach Aufwand.

2. Für die Vornahme der Leichenschau und die Ausstellung einer Todesbescheinigung berechnet das Krankenhaus ___ €.

3. ...

AVB, Behandlungsverträge und Wahlleistungsvereinbarung

8. Zuzahlungen

Zuzahlungspflicht der gesetzlich versicherten Patienten

Als Eigenbeteiligung zieht das Krankenhaus vom gesetzlich versicherten Patienten von Beginn der vollstationären Krankenhausbehandlung an – innerhalb eines Kalenderjahres für höchstens 28 Tage – eine Zuzahlung ein (§ 39 Abs. 4 SGB V). Der Zuzahlungsbetrag beträgt zurzeit € 10,-- je Kalendertag (§ 61 S. 2 SGB V). Dieser Betrag wird vom Krankenhaus nach § 43c Abs. 3 SGB V **im Auftrag der gesetzlichen Krankenkassen** beim Patienten eingefordert.

9. Wiederaufnahme und Rückverlegung

Im Falle der Wiederaufnahme in dasselbe Krankenhaus gemäß § 2 Abs. 1 und 2 PEPPV 2018 oder der Rückverlegung gemäß § 3 Abs. 2 PEPPV 2018 hat das Krankenhaus eine Zusammenfassung der Aufenthaltsdaten zu einem Fall und eine Neueinstufung in ein Entgelt vorzunehmen, wenn eine Patientin oder ein Patient innerhalb von 14 Kalendertagen, bemessen nach der Zahl der Kalendertage ab dem Entlassungstag der vorangegangenen Behandlung, wieder aufgenommen wird und in dieselbe Strukturkategorie einzustufen ist. Das Kriterium der Einstufung in dieselbe Strukturkategorie findet keine Anwendung, wenn Fälle aus unterschiedlichen Jahren zusammenzufassen sind. Eine Zusammenfassung und Neueinstufung ist nur vorzunehmen, wenn eine Patientin oder ein Patient innerhalb von 90 Kalendertagen ab dem Aufnahmedatum des ersten unter diese Vorschrift der Zusammenfassung fallenden Krankenhausaufenthalts wieder aufgenommen wird.

Für Fallzusammenfassungen sind zur Ermittlung der Berechnungstage der Aufnahmetag sowie jeder weitere Tag des Krankenhausaufenthalts zusammenzurechnen; hierbei sind die Verlegungs- oder Entlassungstage aller zusammenzuführenden Aufenthalte mit in die Berechnung einzubeziehen.

10. Belegärzte

Die ärztlichen Leistungen von Belegärzten in Belegkrankenhäusern und Belegabteilungen sowie die von ihnen veranlassten Leistungen von Ärzten und ärztlich geleiteten Einrichtungen außerhalb des Krankenhauses sind mit den Entgelten nach den Nrn. 1–11 nicht abgegolten, sondern werden von dem Belegarzt gesondert berechnet.

Anlagen zu allen stationären Behandlungsverträgen

11. Entgelte für Wahlleistungen

Die außerhalb der allgemeinen Krankenhausleistungen in Anspruch genommenen Wahlleistungen werden gesondert berechnet. Einzelheiten der Berechnung lassen sich der jeweiligen Wahlleistungsvereinbarung und der Patienteninformation über die Entgelte der wahlärztlichen Leistungen entnehmen.

Inkrafttreten

Dieser PEPP-Entgelttarif tritt am _____ in Kraft.

Sehr geehrte Patientin, sehr geehrter Patient,

sollten Sie zu Einzelheiten noch ergänzende Fragen haben, stehen Ihnen folgende Mitarbeiter unseres Krankenhauses hierfür gerne zur Verfügung:

_____

Gleichzeitig können Sie dort auch jederzeit Einsicht in den PEPP-Entgeltkatalog mit den zugehörigen Bewertungsrelationen sowie die zugehörigen Abrechnungsregeln nehmen.

Insgesamt kann die Vergütung der allgemeinen Krankenhausleistungen und der Wahlleistungen eine nicht unerhebliche finanzielle Belastung bedeuten. Dies gilt insbesondere für Selbstzahler. Prüfen Sie bitte, ob Sie in vollem Umfang für eine Krankenhausbehandlung versichert sind.

AVB, Behandlungsverträge und Wahlleistungsvereinbarung

Anlage 3

Datenübermittlung zwischen Hausarzt und Krankenhaus

Nur vom gesetzlich krankenversicherten Patienten auszufüllen!

[Briefkopf Krankenhausträger]

Datenübermittlung zwischen Hausarzt und Krankenhaus[109]
(Einverständniserklärung gem. Art. 6 Abs. 1a, Art. 9 Abs. 2a, h, Abs. 3, Abs. 4 DS-GVO i.V.m. § 73 Abs. 1b SGB V[110])

Ich, _____   [Vorname, Name des Patienten],
geboren am: _____   [Geburtsdatum],
wohnhaft in: _____   [Anschrift]

bin damit einverstanden, dass das Krankenhaus die mich betreffenden Behandlungsdaten und Befunde an meinen **Hausarzt** zum Zwecke der Dokumentation und Weiterbehandlung übermittelt. Die Übermittlung der Behandlungsdaten und Befunde dient der Erstellung und Vervollständigung einer zentralen Dokumentation bei meinem Hausarzt.

Ja   [ ]   Nein   [ ][111]

Ferner bin ich damit einverstanden, dass das Krankenhaus die bei meinem **Hausarzt** vorliegenden Behandlungsdaten und Befunde, soweit diese für meine Krankenhausbehandlung erforderlich sind, anfordern kann. Diese Anforderung ermöglicht es dem Krankenhaus, die für eine aktuelle Behandlung erforderlichen Angaben aus der zentralen Dokumentation des Hausarztes zu erhalten. Das Krankenhaus wird die Daten jeweils nur zu dem Zweck verarbeiten, zu dem sie übermittelt worden sind.

Ja   [ ]   Nein   [ ][112]

Mein **Hausarzt** ist:

_____

(Name und Anschrift des **Hausarztes**)

Ihre Einwilligung ist freiwillig.

Sie haben jederzeit die Möglichkeit, Ihre Einwilligung ohne Angabe von Gründen zu widerrufen. Im Falle des Widerrufs findet keine weitere Datenübermittlung zwischen Hausarzt und Krankenhaus statt. Diese Widerrufserklärung richten Sie an den Krankenhausträger. Ihr Widerruf gilt allerdings erst ab dem Zeitpunkt, zu dem dieser dem Krankenhausträger zugeht. Er hat keine Rückwirkung. Die Verarbeitung Ihrer Daten bis zu diesem Zeitpunkt bleibt rechtmäßig.

_____   _____
(Ort und Datum)   (Unterschrift des Patienten)

Anlagen zu allen stationären Behandlungsverträgen

Anlage 4

Datenübermittlung zwischen dem Krankenhaus und sonstigen[113] Vor-/Weiterbehandlern[114]

Verwendbar sowohl für gesetzlich als auch privat krankenversicherte Patienten

[Briefkopf Krankenhausträger]

Datenübermittlung zwischen dem Krankenhaus und sonstigen Vor-/Weiterbehandlern
(Einwilligungserklärung gem. Art. 6 Abs. 1 a), Art. 9 Abs. 2 a) DS-GVO[115])

Ich, _____ [*Vorname, Name des Patienten*],
geboren am: _____ [*Geburtsdatum*],
wohnhaft in: _____ [*Anschrift*]

☐ bin damit einverstanden, dass das Krankenhaus die mich betreffenden Behandlungsdaten und Befunde an meinen

    ☐ **Vorbehandler**

    ☐ **Weiterbehandler**

    ☐ _____ [*sonstigen Behandler**]

zum Zwecke der Dokumentation und Weiterbehandlung übermittelt.

☐ Ich bin damit einverstanden, dass das Krankenhaus die bei meinem

    ☐ **Vorbehandler**

    ☐ _____ [*sonstigen Behandler**]

vorliegenden Behandlungsdaten und Befunde, soweit diese für meine Krankenhausbehandlung erforderlich sind, anfordern kann. Das Krankenhaus wird die Daten jeweils nur zu dem Zweck verarbeiten, zu dem sie übermittelt worden sind.

Mein **Vorbehandler** ist: _____
                                            (Name und Anschrift)

Mein **Weiterbehandler** ist: _____
                                            (Name und Anschrift)

Mein _____ [**sonstiger Behandler**] ist: _____
                                            (Name und Anschrift)

AVB, Behandlungsverträge und Wahlleistungsvereinbarung

Ihre Einwilligung ist freiwillig.

Sie haben jederzeit die Möglichkeit, Ihre Einwilligung ohne Angabe von Gründen zu widerrufen. Im Falle des Widerrufs findet keine weitere Datenübermittlung zwischen o.g. Behandlern und dem Krankenhaus statt. Diese Widerrufserklärung ist an den Krankenhausträger zu richten. Ihr Widerruf gilt allerdings erst ab dem Zeitpunkt, zu dem dieser dem Krankenhausträger zugeht. Er hat keine Rückwirkung. Die Verarbeitung Ihrer Daten bis zu diesem Zeitpunkt bleibt rechtmäßig.

_____   _____
(Ort und Datum)   (Unterschrift des Patienten)

* *Sehr geehrter Patient,*
sollten Sie gesetzlich krankenversichert sein, kann in diese Zeilen jeglicher/sonstiger Arzt eingetragen werden, außer Ihrem Hausarzt. Für den Hausarzt gibt es ein gesondertes Formular. Sollten Sie privat krankenversichert sein, können Sie hier sämtliche Ärzte einschließlich Ihres Hausarztes eintragen.

Anlagen zu allen stationären Behandlungsverträgen

Anlage 5

Einwilligung in die Datenübermittlung an ein Unternehmen der privaten Krankenversicherung

Nur vom privat versicherten bzw. privat zusatzversicherten Patienten auszufüllen!

[Briefkopf Krankenhausträger]

Datenübermittlung
nach Art. 6 Abs. 1a, Art. 9 Abs. 2a, h, Abs. 3, Abs. 4 DS-GVO i.V.m. § 17c Abs. 5 KHG[116]

Ich, _____ [*Vorname, Name des Patienten*],
geboren am: _____ [*Geburtsdatum*],
wohnhaft in: _____ [*Anschrift*]

mache im Rahmen meiner privaten Krankenversicherung von der Möglichkeit einer direkten Abrechnung zwischen dem Krankenhaus und dem privaten Krankenversicherungsunternehmen Gebrauch.

_____

(Name und Anschrift des privaten Krankenversicherungsunternehmens)

Ich bin damit einverstanden, dass das Krankenhaus die mich betreffenden Behandlungsdaten im Wege des elektronischen Datenaustausches an das private Krankenversicherungsunternehmen zum Zwecke der Abrechnung übermittelt.

In der Regel handelt es sich dabei um folgende Daten entsprechend § 301 SGB V:

1. Name des Patienten,
2. Geburtsdatum,
3. Anschrift,
4. Versichertenstatus,
5. den Tag, die Uhrzeit und den Grund der Aufnahme sowie die Einweisungsdiagnose, die Aufnahmediagnose, bei einer Änderung der Aufnahmediagnose die nachfolgenden Diagnosen, die voraussichtliche Dauer der Krankenhausbehandlung sowie, falls diese überschritten wird, auf Verlangen der Krankenkasse die medizinische Begründung,
6. Datum und Art der jeweils im Krankenhaus durchgeführten Operationen und sonstigen Prozeduren,
7. den Tag, die Uhrzeit und den Grund der Entlassung oder der Verlegung sowie die für die Krankenhausbehandlung maßgebliche Hauptdiagnose und die Nebendiagnosen,
8. Angaben über die im jeweiligen Krankenhaus durchgeführten Rehabilitationsmaßnahmen sowie Aussagen zur Arbeitsfähigkeit und Vorschläge für die Art der weiteren Behandlung mit Angabe geeigneter Einrichtungen.

AVB, Behandlungsverträge und Wahlleistungsvereinbarung

Ihre Einwilligung ist freiwillig. Sofern Sie keine Einwilligung erteilen, entstehen Ihnen hieraus keine Nachteile.

Sie haben jederzeit die Möglichkeit, Ihre Einwilligung ohne Angabe von Gründen zu widerrufen. Im Falle des Widerrufs findet keine weitere Datenübermittlung zwischen dem privaten Krankenversicherungsunternehmen und dem Krankenhaus statt. Diese Widerrufserklärung ist an den Krankenhausträger zu richten. Ihr Widerruf gilt allerdings erst ab dem Zeitpunkt, zu dem dieser dem Krankenhausträger zugeht. Er hat keine Rückwirkung. Die Verarbeitung Ihrer Daten bis zu diesem Zeitpunkt bleibt rechtmäßig.

_____ _____
(Ort und Datum)   (Unterschrift des Patienten)

Anlagen zu allen stationären Behandlungsverträgen

Anlage 6

Informationspflichten gegenüber Patienten im Krankenhausbereich auf der Grundlage der Art. 12 ff. DS-GVO[117]

– Musterformulierung[118] –

Für alle Patienten!

Zeitpunkt der Information: Aufnahme!

[Briefkopf Krankenhausträger][119]

Informationspflicht bei der Erhebung personenbezogener Daten[120]

Sehr geehrte Patienten,

im Rahmen Ihrer Behandlung bzw. Versorgung ist es erforderlich, personenbezogene und auch medizinische Daten über Ihre Person zu verarbeiten. Da die Vorgänge sowohl innerhalb unseres Krankenhauses als auch im Zusammenspiel mit weiteren an Ihrer Behandlung beteiligten Personen/Institutionen des Gesundheitswesens nicht leicht zu überblicken sind, haben wir für Sie die nachfolgenden Informationen zusammengestellt:

Zwecke, für die Ihre personenbezogenen Daten verarbeitet werden:

Im Rahmen Ihrer Behandlung werden Daten über Ihre Person, Ihren sozialen Status sowie die für die Behandlung notwendigen medizinischen Daten erhoben, erfasst, gespeichert, verarbeitet, abgefragt, genutzt, übermittelt usw. Insgesamt spricht man von der „Verarbeitung" Ihrer Daten. Dieser Begriff der „Verarbeitung" bildet den Oberbegriff über alle diese Tätigkeiten. Die Verarbeitung von Patientendaten im Krankenhaus ist aus Datenschutzgründen nur möglich, wenn eine gesetzliche Grundlage dies vorschreibt bzw. erlaubt oder Sie als Patient hierzu Ihre Einwilligung erteilt haben.

Für Ihre patientenbezogene Versorgung/Behandlung notwendig sind dabei insbesondere Verarbeitungen Ihrer Daten aus präventiven, diagnostischen, therapeutischen, kurativen und auch nachsorgenden Gründen. Ebenso erfolgen Verarbeitungen – im Sinne einer bestmöglichen Versorgung – im Hinblick auf interdisziplinäre Konferenzen zur Analyse und Erörterung von Diagnostik und Therapie, zur Vor-, Mit-, Weiterversorgung bzgl. Diagnostik, Therapie, Befunden sowie Krankheits-/Vitalstatus. Daneben werden Arztbriefe/Berichte geschrieben und es erfolgen Verarbeitungen aus Qualitätssicherungsgründen, zum Erkennen und Bekämpfen von Krankenhausinfektionen sowie zur seelsorgerischen und sozialen Betreuung und zum Entlassmanagement.

AVB, Behandlungsverträge und Wahlleistungsvereinbarung

Neben diesen patientenbezogenen Verarbeitungen bedarf es auch einer verwaltungsmäßigen Abwicklung Ihrer Behandlung. Dies bedingt im Wesentlichen die Verarbeitung Ihrer Daten zur Abrechnung Ihrer Behandlung, aus Gründen des Controllings/der Rechnungsprüfung, zur Geltendmachung, Ausübung sowie Verteidigung von Rechtsansprüchen usw. Ferner erfolgen Datenverarbeitungen zu Zwecken der Ausbildung, der Fort- und Weiterbildung von Ärzten und von Angehörigen anderer Berufe des Gesundheitswesens, zur Forschung[121] oder zu gesetzlich vorgesehenen Meldepflichten (z.b. an die Polizei aufgrund des Melderechts, an staatliche Gesundheitsämter aufgrund des Infektionsschutzgesetzes, an Krebsregister) sowie nicht zuletzt aus Gründen der Betreuung und Wartung von IT-Systemen und Anwendungen usw.

Von wem erhalten wir Ihre Daten?

Die entsprechenden Daten erheben wir grundsätzlich – sofern möglich – bei Ihnen selbst. Teilweise kann es jedoch auch vorkommen, dass wir von anderen Krankenhäusern, die etwa Ihre Erst-/Vor-Behandlung durchgeführt haben, von niedergelassenen Ärzten, Fachärzten, Medizinischen Versorgungszentren (sog. MVZ) usw. Sie betreffende personenbezogene Daten erhalten. Diese werden in unserem Krankenhaus im Sinne einer einheitlichen Dokumentation mit Ihren übrigen Daten zusammengeführt.

Wer hat Zugriff auf Ihre Daten?

Die an Ihrer Behandlung beteiligten Personen haben Zugriff auf Ihre Daten, wozu etwa auch Ärzte anderer Abteilungen zählen, die an einer fachübergreifenden Behandlung teilnehmen[122], oder die Verwaltung, die die Abrechnung Ihrer Behandlung vornimmt.

Ihre Daten werden von Fachpersonal oder unter dessen Verantwortung verarbeitet. Dieses Fachpersonal unterliegt entweder dem sog. Berufsgeheimnis oder einer Geheimhaltungspflicht.

Der vertrauliche Umgang mit Ihren Daten wird gewährleistet!

Rechtsgrundlage für die Verarbeitung Ihrer Daten durch den Krankenhausträger

Die Grundlage dafür, dass der Krankenhausträger Ihre Daten datenschutzrechtlich verarbeiten darf, ergibt sich hauptsächlich daraus, dass der Krankenhausträger für die Versorgung und Behandlung von Patienten zuständig ist. Auf dieser Grundlage gibt es unterschiedliche Gesetze und Verordnungen, die dem Krankenhausträger eine Verarbeitung der Daten erlauben.

Genannt sei hier insbesondere die sog. EU Datenschutz-Grundverordnung[123] (DS-GVO), z.B. Art. 6, 9 DS-GVO, die auch in Deutschland gilt und ausdrücklich regelt, dass Daten von Patienten verarbeitet werden dürfen. Daneben finden sich Grundlagen im deutschen Recht, etwa in dem Sozialgesetzbuch Fünftes Buch (SGB V), z.B. § 301 SGB V, in dem Bundesdatenschutzgesetz (BDSG), insbesondere § 22 BDSG[124], und im Bürgerlichen Gesetzbuch (BGB), z.B. in den §§ 630 ff. BGB, die eine Verarbeitung Ihrer Daten voraussetzen.

Anlagen zu allen stationären Behandlungsverträgen

Als Rechtsgrundlagen für die Verarbeitung seien hier beispielhaft genannt:[125]

- Datenverarbeitungen zum Zwecke der Durchführung sowie Dokumentation des Behandlungsgeschehens einschließlich des innerärztlichen und interprofessionellen Austauschs im Krankenhaus über den Patienten für die Behandlung (Art. 9 Abs. 2h, Abs. 3, Abs. 4 DS-GVO i.V.m. §§ 630a ff., 630f BGB i.V.m. entsprechenden landesrechtlichen Regelungen, sofern vorhanden),
- Datenübermittlung an „Externe" im Sinne einer gemeinsamen Behandlung (im Team), Zuziehung externer Konsiliarärzte, z.B. Labor, Telemedizin, sowie Zuziehung externer Therapeuten (Art. 9 Abs. 2h, Abs. 3, Abs. 4 DS-GVO i.V.m. entsprechenden landesrechtlichen Regelungen, sofern vorhanden),
- Datenübermittlung an die gesetzlichen Krankenkassen zum Zwecke der Abrechnung (Art. 9 Abs. 2h, Abs. 3, Abs. 4 DS-GVO i.V.m. § 301 SGB V),
- Datenübermittlung zu Zwecken der Qualitätssicherung (Art. 9 Abs. 2i DS-GVO i.V.m. § 299 SGB V i.V.m. § 136 SGB V bzw. den Richtlinien des G-BA) usw.

Daneben sind Verarbeitungen auch in Fällen zulässig, in denen Sie uns Ihre Einwilligung erklärt haben.

Notwendigkeit der Angabe Ihrer Personalien

Die ordnungsgemäße administrative Abwicklung Ihrer Behandlung bedingt die Aufnahme Ihrer Personalien. Davon ausgenommen sind ausschließlich die Fälle der vertraulichen Geburt.

Mögliche Empfänger Ihrer Daten

Ihre Daten werden im Rahmen der Zweckbestimmung unter Beachtung der jeweiligen datenschutzrechtlichen Regelungen bzw. etwaiger vorliegender Einwilligungserklärungen erhoben und ggf. an Dritte übermittelt. Als derartige Dritte kommen insbesondere in Betracht:

- gesetzliche Krankenkassen, sofern Sie gesetzlich versichert sind,
- private Krankenversicherungen, sofern Sie privat versichert sind,
- Unfallversicherungsträger,
- Hausärzte,
- weiter-, nach- bzw. mitbehandelnde Ärzte,
- andere Einrichtungen der Gesundheitsversorgung oder Behandlung,
- Rehabilitationseinrichtungen,
- Pflegeeinrichtungen,
- externe Datenverarbeiter (sog. Auftragsverarbeiter[126]) sowie
- Seelsorger (in kirchlichen Einrichtungen) usw.

Welche Daten werden im Einzelnen übermittelt?

Sofern Daten übermittelt werden, hängt es im Einzelfall vom jeweiligen Empfänger ab, welche Daten dies sind. Bei einer Übermittlung entsprechend § 301 SGB V an Ihre Krankenkasse handelt es sich zum Beispiel um folgende Daten:

AVB, Behandlungsverträge und Wahlleistungsvereinbarung

1. Name des Versicherten,
2. Geburtsdatum,
3. Anschrift,
4. Krankenversichertennummer,
5. Versichertenstatus,
6. den Tag, die Uhrzeit und den Grund der Aufnahme sowie die Einweisungsdiagnose, die Aufnahmediagnose, bei einer Änderung der Aufnahmediagnose die nachfolgenden Diagnosen, die voraussichtliche Dauer der Krankenhausbehandlung sowie, falls diese überschritten wird, auf Verlangen der Krankenkasse die medizinische Begründung, bei Kleinkindern bis zu einem Jahr das Aufnahmegewicht,
7. Datum und Art der jeweils im Krankenhaus durchgeführten Operationen und sonstigen Prozeduren,
8. den Tag, die Uhrzeit und den Grund der Entlassung oder der Verlegung sowie die für die Krankenhausbehandlung maßgebliche Hauptdiagnose und die Nebendiagnosen,
9. Angaben über die im jeweiligen Krankenhaus durchgeführten Rehabilitationsmaßnahmen sowie Aussagen zur Arbeitsfähigkeit und Vorschläge für die Art der weiteren Behandlung mit Angabe geeigneter Einrichtungen.

Behandlung aufgrund ästhetischer Operationen, Tätowierungen oder Piercings

Für den Fall, dass eine Krankheit vorliegt, für die der Verdacht besteht, dass sie Folge einer medizinisch nicht indizierten ästhetischen Operation, einer Tätowierung oder eines Piercings ist, muss auch diesbezüglich eine Meldung an die Krankenkasse erfolgen.

Widerruf erteilter Einwilligungen

Wenn die Verarbeitung Ihrer Daten auf einer Einwilligung beruht, die Sie dem Krankenhausträger gegenüber erklärt haben, dann steht Ihnen das Recht zu, Ihre Einwilligung jederzeit zu widerrufen. Diese Erklärung können Sie – schriftlich/per Mail/Fax – an den Krankenhausträger richten. Einer Angabe von Gründen bedarf es dafür nicht. Ihr Widerruf gilt allerdings erst ab dem Zeitpunkt, zu dem dieser dem Krankenhausträger zugeht. Er hat keine Rückwirkung. Die Verarbeitung Ihrer Daten bis zu diesem Zeitpunkt bleibt rechtmäßig.

Wahrnehmung berechtigter Interessen des Krankenhausträgers

Sofern der Krankenhausträger zur Durchsetzung seiner Ansprüche gegen Sie selbst oder Ihre Krankenkasse gezwungen ist, anwaltliche oder gerichtliche Hilfe in Anspruch zu nehmen, da die vom Krankenhausträger gestellte Rechnung nicht beglichen wird, muss der Krankenhausträger (zu Zwecken der Rechteverfolgung) die dafür notwendigen Daten zu Ihrer Person und Ihrer Behandlung offenbaren.

Wie lange werden Ihre Daten gespeichert?

Der Krankenhausträger ist gem. § 630f Bürgerliches Gesetzbuch (BGB) dazu verpflichtet, eine Dokumentation über Ihre Behandlung zu führen. Dieser Verpflichtung kann der Krankenhausträger in Form einer in Papierform oder elektronisch geführten Patientenakte nachkommen. Diese Patientendokumentation wird auch nach Abschluss Ihrer Behandlung für lange Zeit vom Krankenhaus verwahrt. Auch dazu ist der Krankenhausträger gesetzlich verpflichtet.

Mit der Frage, wie lange die Dokumente im Einzelnen im Krankenhaus aufzubewahren sind, beschäftigen sich viele spezielle gesetzliche Regelungen. Zu nennen sind etwa hier das Strahlenschutzgesetz (StrlSchG), die Apothekenbetriebsordnung (ApBetrO), das Transfusionsgesetz (TFG) und viele mehr. Diese gesetzlichen Regelungen schreiben unterschiedliche Aufbewahrungsfristen vor.

Daneben ist zu beachten, dass Krankenhäuser Patientenakten auch aus Gründen der Beweissicherung bis zu 30 Jahre lang aufbewahren. Dies folgt daraus, dass Schadensersatzansprüche, die Patienten gegenüber dem Krankenhaus geltend machen, gemäß § 199 Abs. 2 Bürgerliches Gesetzbuch (BGB) spätestens in 30 Jahren verjähren. Ein Haftungsprozess könnte also erst Jahrzehnte nach Beendigung der Behandlung gegen den Krankenhausträger anhängig gemacht werden. Würde das Krankenhaus mit der Schadensersatzforderung eines Patienten wegen eines behaupteten Behandlungsfehlers konfrontiert und wären die entsprechenden Krankenunterlagen inzwischen vernichtet, könnte dies zu erheblichen prozessualen Nachteilen für das Krankenhaus führen.

Aus diesem Grunde wird Ihre Patientenakte bis zu 30 Jahre lang aufbewahrt.

Recht auf Auskunft, Berichtigung, Löschung usw.[127]

Ihnen stehen sog. Betroffenenrechte zu, d.h. Rechte, die Sie als im Einzelfall betroffene Person ausüben können. Diese Rechte können Sie gegenüber dem Krankenhausträger geltend machen. Sie ergeben sich aus der EU Datenschutz-Grundverordnung (DS-GVO), die auch in Deutschland gilt:

- Recht auf Auskunft, Art. 15 DS-GVO
Sie haben das Recht auf Auskunft über die Sie betreffenden gespeicherten personenbezogenen Daten.

- Recht auf Berichtigung, Art. 16 DS-GVO
Wenn Sie feststellen, dass unrichtige Daten zu Ihrer Person verarbeitet werden, können Sie Berichtigung verlangen. Unvollständige Daten müssen unter Berücksichtigung des Zwecks der Verarbeitung vervollständigt werden.

- Recht auf Löschung, Art. 17 DS-GVO
Sie haben das Recht, die Löschung Ihrer Daten zu verlangen, wenn bestimmte Löschgründe vorliegen. Dies ist insbesondere der Fall, wenn diese zu dem Zweck, zu dem sie ursprünglich erhoben oder verarbeitet wurden, nicht mehr erforderlich sind.

AVB, Behandlungsverträge und Wahlleistungsvereinbarung

- Recht auf Einschränkung der Verarbeitung, Art. 18 DS-GVO
Sie haben das Recht auf Einschränkung der Verarbeitung Ihrer Daten. Dies bedeutet, dass Ihre Daten zwar nicht gelöscht, aber gekennzeichnet werden, um ihre weitere Verarbeitung oder Nutzung einzuschränken.

- Recht auf Widerspruch gegen unzumutbare Datenverarbeitung, Art. 21 DS-GVO
Sie haben grundsätzlich ein allgemeines Widerspruchsrecht auch gegen rechtmäßige Datenverarbeitungen, die im öffentlichen Interesse liegen, in Ausübung öffentlicher Gewalt oder aufgrund des berechtigten Interesses einer Stelle erfolgen.

Beschwerde bei der Aufsichtsbehörde wegen Datenschutzverstößen

Unabhängig davon, dass es Ihnen auch freisteht, gerichtliche Hilfe in Anspruch zu nehmen, haben Sie das Recht auf Beschwerde bei einer Aufsichtsbehörde, wenn Sie der Ansicht sind, dass die Verarbeitung Ihrer Daten datenschutzrechtlich nicht zulässig ist. Dies ergibt sich aus Art. 77 EU Datenschutz-Grundverordnung.[128] Die Beschwerde bei der Aufsichtsbehörde kann formlos erfolgen.[129]

Datenschutzbeauftragter des Krankenhauses

Der Krankenhausträger hat einen Datenschutzbeauftragten bestellt. Seine Kontaktdaten lauten wie folgt:

_____ (Kontaktdaten)[130]

Für weitere Fragen stehen wir Ihnen gerne zur Verfügung.

Anlagen zu allen stationären Behandlungsverträgen

Anlage 7

Information für Kostenerstattungspatienten[131]

Nur für gesetzlich versicherte Patienten!

Wichtige Information für gesetzlich krankenversicherte Patienten, die Kostenerstattung nach § 13 Abs. 2 SGB V gewählt haben

Die Abrechnung von Behandlungsleistungen erfolgt im System der gesetzlichen Krankenversicherung grundsätzlich zwischen dem Krankenhaus und der gesetzlichen Krankenkasse des Patienten (Sachleistungsprinzip). Nach § 13 Abs. 2 SGB V können gesetzlich Krankenversicherte anstelle des Sachleistungsprinzips auch die Variante der Kostenerstattung wählen, wonach die Abrechnung der Behandlungsleistungen zwischen dem Krankenhaus und dem Patienten erfolgt.

Der Anspruch des Patienten auf Kostenerstattung durch seine gesetzliche Krankenversicherung erstreckt sich ausschließlich auf Leistungen, für die ein gesetzlicher Krankenversicherungsschutz besteht. Kosten für darüber hinausgehende Leistungen werden von der gesetzlichen Krankenkasse nicht übernommen.

Anlage 8

Patienteninformation zum Entlassmanagement[132]

Nur von gesetzlich krankenversicherten Patienten auszufüllen!
Der Inhalt dieses Formulars ist nach § 39 Abs. 1a, S. 9 SGB V bundeseinheitlich verpflichtend.

[Briefkopf Krankenhausträger]

Patienteninformation zum Entlassmanagement nach § 39 Abs. 1a SGB V

Worum geht es beim Entlassmanagement?

Nach Abschluss der Krankenhausbehandlung erfolgt die Entlassung der Patienten aus dem Krankenhaus. In bestimmten Fällen ist jedoch nach Abschluss der Krankenhausbehandlung noch weitere Unterstützung erforderlich, um das Behandlungsergebnis zu sichern. Eine entsprechende Anschlussversorgung kann beispielsweise eine medizinische oder pflegerische Versorgung umfassen, die ambulant oder in stationären Einrichtungen der Rehabilitation oder Pflege erfolgt. Aber auch z. B. Terminvereinbarungen mit Ärzten, Physiotherapeuten, Pflegediensten oder Selbsthilfegruppen sowie die Unterstützung bei der Beantragung von Leistungen bei der Kranken- oder Pflegekasse können von dieser Anschlussversorgung umfasst sein.

Das Krankenhaus ist gesetzlich dazu verpflichtet, die Entlassung der Patienten aus dem Krankenhaus vorzubereiten. Das Ziel des Entlassmanagements ist es, eine lückenlose Anschlussversorgung der Patienten zu organisieren. Dazu stellt das Krankenhaus fest, ob und welche medizinischen oder pflegerischen Maßnahmen im Anschluss an die Krankenhausbehandlung erforderlich sind und leitet diese Maßnahmen bereits während des stationären Aufenthaltes ein. Ist es für die unmittelbare Anschlussversorgung nach dem Krankenhausaufenthalt erforderlich, können in begrenztem Umfang auch Arzneimittel, Heilmittel, Hilfsmittel, Soziotherapie und Häusliche Krankenpflege verordnet oder die Arbeitsunfähigkeit festgestellt werden. Bei Bedarf wird das Entlassmanagement auch durch die Kranken-/Pflegekasse unterstützt.

Die Patienten werden über alle Maßnahmen des Entlassmanagements durch das Krankenhaus informiert und beraten. Alle geplanten Maßnahmen werden mit ihnen abgestimmt. Wenn die Patienten es wünschen, werden ihre Angehörigen oder Bezugspersonen zu den Informationen und Beratungen hinzugezogen.

Anlagen zu allen stationären Behandlungsverträgen

Warum bedarf es einer Einwilligungserklärung?

Das Gesetz schreibt vor, dass für die Durchführung eines Entlassmanagements und die Unterstützung durch die Kranken-/Pflegekasse hierbei die Einwilligung der Patienten in schriftlicher Form vorliegen muss.

Im Rahmen des Entlassmanagements kann es erforderlich werden, dass das Krankenhaus Kontakt z.B. zu Ärzten, Heilmittelerbringern (z.b. Physiotherapeuten oder Ergotherapeuten) oder Lieferanten von Hilfsmitteln und/oder zu der Kranken- oder Pflegekasse der Patienten aufnehmen muss. Dann kann es notwendig sein, die Patientendaten zu diesem Zweck an diese Beteiligten zu übermitteln. Dies setzt jedoch die schriftliche Einwilligung der Patienten voraus. Diese kann mittels der beigefügten Einwilligungserklärung erfolgen, mit der die Patienten ihre Zustimmung zum Entlassmanagement und der damit verbundenen Datenübermittlung ebenso erklären können wie zur Unterstützung des Entlassmanagements durch die Kranken-/ Pflegekasse sowie der damit verbundenen Datenübermittlung.

Entlassmanagement durch „Beauftragte" außerhalb des Krankenhauses

Krankenhäuser können Aufgaben des Entlassmanagements an niedergelassene Ärzte bzw. Einrichtungen oder ermächtigte Ärzte bzw. Einrichtungen übertragen. Diese Möglichkeit hat der Gesetzgeber vorgesehen. Sollte diese Form des Entlassmanagements speziell für die ggf. erforderliche Anschlussversorgung in Frage kommen, werden die Patienten gesondert informiert und um die diesbezügliche Einwilligung gebeten.

Es soll kein Entlassmanagement in Anspruch genommen werden?

Wenn die Patienten kein Entlassmanagement wünschen und/oder die Kranken-/ Pflegekasse dabei nicht unterstützen soll, erteilen sie keine Einwilligung. Wird trotz bestehenden Bedarfs kein Entlassmanagement durchgeführt, kann dies dazu führen, dass Anschlussmaßnahmen möglicherweise nicht rechtzeitig eingeleitet werden oder beginnen. Bei Anträgen auf Leistungen der Kranken-/Pflegekassen kann eine spätere Antragstellung zur Folge haben, dass der Leistungsanspruch erst zu einem späteren Zeitpunkt entsteht.

Die bereits erteilte Einwilligung soll widerrufen werden?

Haben die Patienten bereits in die Durchführung des Entlassmanagements schriftlich eingewilligt, möchten die Einwilligung jedoch zurücknehmen, können sie diese jederzeit schriftlich widerrufen.

- Betrifft der Widerruf die Durchführung des Entlassmanagements insgesamt, erklären sie den vollständigen Widerruf gegenüber dem Krankenhaus.

AVB, Behandlungsverträge und Wahlleistungsvereinbarung

- Betrifft der Widerruf ausschließlich die Einwilligung in die Unterstützung des Entlassmanagements durch die Kranken-/Pflegekasse, so erklären sie den Widerruf schriftlich gegenüber der Kranken-/Pflegekasse und dem Krankenhaus.

Der Widerruf gilt allerdings erst ab dem Zeitpunkt, zu dem dieser beim Krankenhaus bzw. der Kranken-/Pflegekasse eingeht. Er hat keine Rückwirkung. Die Verarbeitung Ihrer Daten bis zu diesem Zeitpunkt bleibt rechtmäßig.

Je nach Widerruf kann trotz bestehenden Bedarfs kein Entlassmanagement durchgeführt werden oder dieses nicht durch die Kranken-/Pflegekasse unterstützt werden. Dies kann dazu führen, dass Anschlussmaßnahmen möglicherweise nicht rechtzeitig eingeleitet werden oder beginnen. Bei Anträgen auf Leistungen der Kranken- oder Pflegekassen kann eine spätere Antragstellung zur Folge haben, dass ein Leistungsanspruch erst zu einem späteren Zeitpunkt entsteht.

Bei Rückfragen zum Entlassmanagement geben das Krankenhaus oder die Kranken-/Pflegekasse gern weitere Auskünfte.

_____   _____
Ort, Datum   Unterschrift des Patienten

Ich handele als Vertreter mit Vertretungsmacht/gesetzlicher Vertreter/Betreuer

_____   _____
Name, Vorname des Vertreters   Anschrift des Vertreters

_____
Unterschrift des Vertreters

Anlagen zu allen stationären Behandlungsverträgen

Anlage 9

Einwilligung in das Entlassmanagement und die Datenverarbeitung[133]

Nur von gesetzlich krankenversicherten Patienten auszufüllen!
Der Inhalt dieses Formulars ist nach § 39 Abs. 1a, S. 9 SGB V bundeseinheitlich verpflichtend.

[Briefkopf Krankenhausträger]

Name, Vorname des Patienten

Geburtsdatum des Patienten

Anschrift

1. **Einwilligung in das Entlassmanagement und die damit verbundene Datenverarbeitung (§ 39 Abs. 1a SGB V)**

Ich willige ein, dass das o.g. Krankenhaus für mich ein Entlassmanagement durchführt. Dabei geht es darum, für mich eine lückenlose Anschlussversorgung nach meinem Krankenhausaufenthalt zu gewährleisten. Zu diesem Zweck darf das Krankenhaus die erforderlichen personenbezogenen Daten verarbeiten. Dazu gehört unter anderem die Weitergabe der erforderlichen personenbezogenen Daten (z.B. die Diagnose, Angaben über die erforderliche Anschlussversorgung und die einzubindenden Nachsorgeinstitutionen) an meinen weiterbehandelnden Arzt und z.B. an Rehabilitationseinrichtungen, Pflegedienste oder Physiotherapeuten.

☐ Ja   ☐ Nein

Angaben zu Ziffer 2 sind nur erforderlich, sofern unter Ziffer 1 „Ja" angekreuzt wurde:

2. **Einwilligung in die Unterstützung des Entlassmanagements durch die Kranken-/Pflegekasse und die damit verbundene Datenverarbeitung (§ 39 Abs. 1a SGB V)**

Ich willige ein, dass das Krankenhaus meiner Kranken-/Pflegekasse _____
die erforderlichen personenbezogenen Daten (z.B. Angaben über den Umfang und

AVB, Behandlungsverträge und Wahlleistungsvereinbarung

die Dauer der erforderlichen Anschlussversorgung und die einzubindenden Nachsorgeinstitutionen) übermittelt, damit diese bei Bedarf das Entlassmanagement unterstützen kann. Dies kommt dann in Betracht, wenn bei Notwendigkeit einer Anschlussversorgung eine gemeinsame Organisation dieser Anschlussversorgung durch Krankenhaus und Krankenkasse erforderlich ist. Meine Kranken-/Pflegekasse darf die ihr vom Krankenhaus übermittelten erforderlichen Daten ausschließlich zum Zwecke der Unterstützung des Entlassmanagements verarbeiten und nutzen. Über meine Einwilligung hierzu informiert das Krankenhaus meine Kranken-/Pflegekasse.

☐ Ja ☐ Nein

Meine Einwilligung ist freiwillig. Ich kann sie jederzeit ganz oder teilweise ohne Angabe von Gründen schriftlich/elektronisch widerrufen. Willige ich nicht in das Entlassmanagement und die unter 1. und 2. genannten Punkte ein oder widerrufe ich meine Einwilligung, kann das dazu führen, dass Anschlussmaßnahmen möglicherweise nicht rechtzeitig eingeleitet werden oder beginnen. Der Widerruf gilt nur für die Zukunft.

_____   _____
Ort, Datum   Unterschrift des Patienten

Ich handele als Vertreter mit Vertretungsmacht/gesetzlicher Vertreter/Betreuer

_____   _____
Name, Vorname des Vertreters Anschrift des Vertreters

_____
Unterschrift des Vertreters

Wahlleistungsvereinbarung nebst Anlagen

Wahlleistungsvereinbarung nebst Anlagen

Patienteninformation bei wahlärztlichen Leistungen

Wichtige Patienteninformation
vor der Vereinbarung wahlärztlicher Leistungen[134]

Information des

_____
als Träger des Krankenhauses

_____

gegenüber

_____
Name, Vorname des Patienten

_____
Geburtsdatum des Patienten

_____
Anschrift

Sehr geehrte Patientin, sehr geehrter Patient,

Sie sind im Begriff, eine sogenannte Wahlleistungsvereinbarung über die gesonderte Berechnung ärztlicher Leistungen zu unterzeichnen. Hierfür ist gesetzlich vorgeschrieben, dass jeder Patient **vor** Abschluss der Vereinbarung über die Entgelte der Wahlleistungen und deren Inhalt im Einzelnen schriftlich zu unterrichten ist. Dieser Verpflichtung möchten wir hiermit nachkommen:

1. Die Bundespflegesatzverordnung bzw. das Krankenhausentgeltgesetz unterscheiden zwischen allgemeinen Krankenhausleistungen und Wahlleistungen

   Allgemeine Krankenhausleistungen sind die Krankenhausleistungen, die unter Berücksichtigung der Leistungsfähigkeit des Krankenhauses im Einzelfall nach Art und Schwere der Krankheit für die medizinisch zweckmäßige und ausreichende Versorgung des Patienten notwendig sind. Sofern Sie gesetzlich krankenversichert sind, entstehen Ihnen für die Inanspruchnahme der **allgemeinen Krankenhausleistungen** außer den gesetzlichen Zuzahlungen keine gesonderten Kosten.

   Wahlleistungen hingegen sind über die allgemeinen Krankenhausleistungen hinausgehende Sonderleistungen. Diese sind gesondert zu vereinbaren und **vom Patienten zu bezahlen.**

AVB, Behandlungsverträge und Wahlleistungsvereinbarung

2. Für sogenannte **wahlärztliche Leistungen** bedeutet dies, dass Sie sich damit die persönliche Zuwendung und besondere fachliche Qualifikation und Erfahrung der liquidationsberechtigten Ärzte des Krankenhauses einschließlich der von diesen Ärzten veranlassten Leistungen von Ärzten und ärztlich geleiteten Einrichtungen außerhalb des Krankenhauses hinzukaufen. Dies gilt auch, soweit die wahlärztlichen Leistungen vom Krankenhaus berechnet werden.

   Selbstverständlich werden Ihnen auch ohne Abschluss der Wahlleistungsvereinbarung alle medizinisch erforderlichen Leistungen zuteil, jedoch richtet sich dann die Person des behandelnden Arztes ausschließlich nach der medizinischen Notwendigkeit.

3. Im Einzelnen richtet sich die konkrete Abrechnung nach den Regeln der **amtlichen Gebührenordnung** für Ärzte/Gebührenordnung für Zahnärzte (GOÄ/GOZ). Diese Gebührenwerke weisen folgende Grundsystematik auf:

   In einer ersten Spalte wird die abrechenbare Leistung mit einer Gebührenziffer versehen. Dieser Gebührenziffer ist in einer zweiten Spalte die verbale Beschreibung der abrechenbaren Leistungen zugeordnet. In einer dritten Spalte wird die Leistung mit einer Punktzahl bewertet. Dieser Punktzahl ist ein für die ganze GOÄ einheitlicher Punktwert zugeordnet, welcher in Cent ausgedrückt ist. Der derzeit gültige Punktwert liegt gemäß § 5 Abs. 1 GOÄ bei 5,82873 Cent.

   Aus der Multiplikation von Punktzahlen und Punktwert ergibt sich der Preis für diese Leistung, welcher in einer Spalte 4 der GOÄ ausgewiesen ist.

   Beispiel:

Ziffer	Leistungsbeschreibung	Punktzahl	Preis (Einfachsatz), gerundet
1	Beratung – auch mittels Fernsprecher –	80	4,66 €

   Bei dem so festgelegten Preis handelt es sich um den sogenannten GOÄ-Einfachsatz. Dieser Einfachsatz kann sich durch Steigerungsfaktoren erhöhen. Diese berücksichtigen die Schwierigkeit und den Zeitaufwand der einzelnen Leistung oder die Schwierigkeit des Krankheitsfalles. Innerhalb des normalen Gebührenrahmens gibt es Steigerungssätze zwischen dem Einfachen und dem 3,5fachen des Gebührensatzes, bei technischen Leistungen zwischen dem Einfachen und dem 2,5fachen des Gebührensatzes und bei Laborleistungen zwischen dem Einfachen und dem 1,3fachen des Gebührensatzes. Der Mittelwert liegt für technische Leistungen bei 1,8, für Laborleistungen bei 1,15 und für alle anderen Leistungen bei 2,3. Daneben werden die Gebühren gemäß § 6a GOÄ um 25 % bzw. 15 % gemindert.

Welche Gebührenpositionen bei Ihrem Krankheitsbild zur Abrechnung gelangen und welche Steigerungssätze angewandt werden, lässt sich nicht vorhersagen. Hierfür kommt es darauf an, welche Einzelleistungen im Fortgang des Behandlungsgeschehens konkret erbracht werden, welchen Schwierigkeitsgrad die Leistungen besitzen und welchen Zeitaufwand sie erfordern.

Insgesamt kann die Vereinbarung wahlärztlicher Leistungen eine nicht unerhebliche finanzielle Belastung bedeuten. Prüfen Sie bitte, ob Ihre private Krankenversicherung/Beihilfe oder Ihre gesetzliche Krankenversicherung über einen besonderen Wahltarif nach § 53 SGB V etc. diese Kosten deckt.

Sehr geehrte Patientin, sehr geehrter Patient,

sollten Sie zu Einzelheiten noch ergänzende Fragen haben, stehen Ihnen folgende Mitarbeiter unseres Krankenhauses hierfür gerne zur Verfügung:

Gleichzeitig können Sie dort auch jederzeit Einsicht in die GOÄ/GOZ nehmen.

Datum   Unterschrift des Krankenhausmitarbeiters[135]

                                        Unterschrift des Patienten

AVB, Behandlungsverträge und Wahlleistungsvereinbarung

Wahlleistungsvereinbarung[136]

zwischen

| Name, Vorname des Patienten | Geburtsdatum |

| Postleitzahl | Wohnort des Patienten | Straße und Haus-Nr. |

und

als Träger des Krankenhauses

über die Gewährung der nachstehenden angekreuzten

gesondert berechenbaren Wahlleistungen[137]

( ) die **ärztlichen Leistungen** aller an der Behandlung beteiligten angestellten und beamteten Ärzte des Krankenhauses, soweit diese zur gesonderten Berechnung ihrer Leistungen berechtigt sind, einschließlich der von diesen Ärzten veranlassten Leistungen von Ärzten oder ärztlich geleiteten Einrichtungen außerhalb des Krankenhauses. Dies gilt auch, soweit die wahlärztlichen Leistungen vom Krankenhaus berechnet werden; die Liquidation erfolgt nach der GOÄ/GOZ in der jeweils gültigen Fassung.[138]

Wahlleistungsvereinbarung nebst Anlagen

Für den Fall der unvorhergesehenen Verhinderung[139] des Wahlarztes der jeweiligen Fachabteilung bin ich mit der Übernahme seiner Aufgaben durch seinen nachfolgend benannten ständigen ärztlichen Vertreter[140] einverstanden:

Fachabteilung[141]	Wahlarzt	Ständiger ärztlicher Vertreter
Chirurgie	Dr. med. ...	Dr. med. ...
Innere Medizin	Dr. med. ...	Dr. med. ...
Gynäkologie	Dr. med. ...	Dr. med. ...
...	...	...
...	...	...

( ) Unterbringung in einem **1-Bett-Zimmer** nach Maßgabe der folgenden Leistungsbeschreibung[142]:

Fachabteilung	Komfortmerkmale	Preis pro Berechnungstag
Chirurgie	Separates WC, separate Dusche, Komfortbetten, Kühlschrank, Farbfernseher, Balkon, Wahlverpflegung, Tageszeitung, Programmzeitschrift ...	____ €
Innere Medizin	Separates WC, Besucherecke, Schreibtisch, Kühlschrank, Telefon, ...	____ €
Gynäkologie	Komfortbetten, Rollos, Safe, Farbfernseher, Videogerät, Audioanlage, ...	____ €
...		

( ) Ich wünsche für einen Zeitraum von maximal vier Tagen die Reservierung bzw. das Freihalten des von mir gebuchten 1-Bett-Zimmers für den Fall, dass ich das Zimmer vorübergehend nicht nutzen kann (z.B. bei einem Aufenthalt im Kreißsaal oder auf der Intensivstation). Während der Zeit der Reservierung/des Freihaltens, in welcher das Zimmer nicht anderweitig belegt wird, berechnet das Krankenhaus einen um 25 % geminderten Zimmerpreis, mindestens jedoch ____ €.[143]

AVB, Behandlungsverträge und Wahlleistungsvereinbarung

( ) Unterbringung in einem **2-Bett-Zimmer** nach Maßgabe der folgenden Leistungsbeschreibung.[144]

Fachabteilung	Komfortmerkmale	Preis pro Berechnungstag
Chirurgie	Separates WC, separate Dusche, Komfortbetten, Kühlschrank, Farbfernseher, Balkon, Wahlverpflegung, Tageszeitung, Programmzeitschrift ...	___ €
Innere Medizin	Separates WC, Besucherecke, Schreibtisch, Kühlschrank, Telefon, ...	___ €
Gynäkologie	Komfortbetten, Rollos, Safe, Farbfernseher, Videogerät, Audioanlage, ...	___ €
...		

( ) Unterbringung und Verpflegung einer Begleitperson   ___ € Entgelt je Berechnungstag

( ) _____ [145]

( ) _____

( ) medizinische Wahlleistungen[146]

_____

_____

Hinweise:

- Die Wahlleistungsvereinbarung erstreckt sich über den gesamten Behandlungsfall, auch wenn dieser unterbrochen wird.[147]

- Die zwischen dem Krankenhaus und dem Patienten vereinbarten gesondert berechenbaren Wahlleistungen werden im Rahmen der personellen und sächlichen Möglichkeiten des Krankenhauses erbracht, soweit dadurch die allgemeinen Krankenhausleistungen nicht beeinträchtigt werden.

- In Entbindungsfällen erstreckt sich die Inanspruchnahme von Wahlleistungen durch die Mutter nicht auf das Neugeborene. Für das Neugeborene bedarf es einer gesonderten Wahlleistungsvereinbarung.

- Das Krankenhaus kann den Abschluss einer Wahlleistungsvereinbarung bei Patienten, welche die Kosten einer früheren Krankenhausbehandlung nicht bzw. trotz Fälligkeit verspätet gezahlt haben, ablehnen.

- Das Krankenhaus kann die Erbringung von Wahlleistungen sofort vorübergehend einstellen, soweit und solange dies für die Erbringung der allgemeinen Krankenhausleistungen gegenüber anderen Patienten erforderlich wird; im Übrigen kann die Vereinbarung vom Patienten an jedem Tag zum Ende des folgenden Tages gekündigt werden; aus wichtigem Grund kann die Vereinbarung von beiden Teilen ohne Einhaltung einer Frist gekündigt werden.[148]

- In den Belegabteilungen sind vom Patienten gewünschte Vereinbarungen über die ärztlichen Leistungen der Belegärzte, der Konsiliarärzte oder der fremden ärztlich geleiteten Einrichtungen – auch wenn bereits Wahlleistungen mit dem Krankenhaus vereinbart wurden – nicht mit dem Krankenhaus, sondern unmittelbar mit dem Belegarzt oder dem Konsiliararzt oder der fremden Einrichtung zu treffen.

- Sofern Wahlleistungen vereinbart worden sind, können seitens des Krankenhauses sowohl angemessene Vorauszahlungen als auch angemessene Abschlagszahlungen verlangt werden.

- Bei der Inanspruchnahme der Wahlleistung „ärztliche Leistungen" kann die Wahl nicht auf einzelne liquidationsberechtigte Ärzte des Krankenhauses beschränkt werden (§ 17 Abs. 3 KHEntgG). Eine Vereinbarung über wahlärztliche Leistungen erstreckt sich auf alle an der Behandlung des Patienten beteiligten Ärzte des Krankenhauses, soweit diese zur gesonderten Berechnung ihrer Leistungen im Rahmen der vollstationären und teilstationären sowie einer vor- und nachstationären Behandlung (§ 115a des Fünften Buches Sozialgesetzbuch) berechtigt sind, einschließlich der von diesen Ärzten veranlassten Leistungen von Ärzten und ärztlich geleiteten Einrichtungen außerhalb des Krankenhauses. Dies gilt auch, soweit das Krankenhaus selbst wahlärztliche Leistungen berechnet.[149]

- Die gesondert berechenbaren ärztlichen Leistungen werden, auch soweit sie vom Krankenhaus berechnet werden, vom Wahlarzt der Fachabteilung oder der ärztlich geleiteten Einrichtungen persönlich oder unter der Aufsicht des Wahlarztes nach fachlicher Weisung von einem nachgeordneten Arzt der Abteilung bzw. des Instituts (§ 4 Abs. 2 S. 1 GOÄ/GOZ) oder von dem ständigen ärztlichen Vertreter (§ 4 Abs. 2 S. 3 GOÄ/GOZ) erbracht.

AVB, Behandlungsverträge und Wahlleistungsvereinbarung

> **Hinweis:**
> Für die Inanspruchnahme der oben genannten Wahlleistungen besteht kein gesetzlicher Krankenversicherungsschutz. Bei der Inanspruchnahme von Wahlleistungen ist der Patient als Selbstzahler zur Entrichtung des Entgelts verpflichtet. Prüfen Sie bitte, ob Ihre private Krankenversicherung/Beihilfe oder Ihre gesetzliche Krankenversicherung über einen besonderen Wahltarif nach § 53 SGB V, etc. diese Kosten deckt.

_____
Ort, Datum

_____   _____
Unterschrift des Patienten   Unterschrift des Krankenhausmitarbeiters[150]

Ich handele als Vertreter mit Vertretungsmacht/gesetzlicher Vertreter/Betreuer[151]

_____   _____
Name, Vorname des Vertreters   Anschrift des Vertreters

_____
Unterschrift des Vertreters

Anlage 1

Vereinbarung[152]
für den Fall vorhersehbarer Verhinderung des Wahlarztes

zwischen

Name, Vorname des Patienten

Geburtsdatum des Patienten

Anschrift

und

---
als Träger des Krankenhauses

Ich wünsche die Inanspruchnahme wahlärztlicher Leistungen. Heute, am _____ bin ich um _____ Uhr in einem Gespräch durch den Krankenhausmitarbeiter Frau/Herr _____ darüber informiert worden, dass der Wahlarzt der Fachabteilung, Frau/Herr _____ zu dem geplanten Behandlungstermin verhindert ist und deshalb die bei mir vorgesehene Behandlung nicht persönlich durchführen kann.

Ich bin darüber aufgeklärt worden, dass ich angesichts dieser Situation die Wahl habe, die vorgesehene stationäre ärztliche Behandlung

- bis zur Rückkehr oder bis zu dem Wegfall der Verhinderung des Wahlarztes zu verschieben,
- künftig insgesamt als allgemeine Krankenhausleistung, d.h. ohne Inanspruchnahme wahlärztlicher Leistungen grundsätzlich durch den jeweiligen diensthabenden Arzt durchführen zu lassen,
- durch den ständigen ärztlichen Vertreter von Frau/Herrn _____ [Name des Wahlarztes], Frau/Herrn _____ [Name des ständigen ärztlichen Vertreters] durchführen zu lassen.

AVB, Behandlungsverträge und Wahlleistungsvereinbarung

In Kenntnis dieser Möglichkeiten habe ich mich dazu entschlossen, die stationäre ärztliche Behandlung durch den ständigen ärztlichen Vertreter des Wahlarztes durchführen zu lassen mit der Folge, dass von mir ein wahlärztliches Honorar in gleicher Weise wie im Falle der persönlichen Leistungserbringung durch diese/diesen selbst zu entrichten ist.

Diese Vereinbarung ergänzt die Wahlleistungsvereinbarung vom _____

_____
Ort, Datum

_____ _____
Unterschrift des Patienten   Unterschrift des Krankenhausmitarbeiters

Ich handele als Vertreter mit Vertretungsmacht/gesetzlicher Vertreter/Betreuer[153]

_____ _____
Name, Vorname des Vertreters   Anschrift des Vertreters

_____
Unterschrift des Vertreters

Anlage 2

Einwilligung zur Datenübermittlung an eine externe Abrechnungsstelle

[Briefkopf Krankenhausträger]

Einwilligung zur Datenübermittlung
nach Art. 6 Abs. 1a, Art. 9 Abs. 2a, h, Abs. 3, Abs. 4 DS-GVO
i.V.m. § 17 Abs. 3 S. 6 KHEntgG)[154]

Ich, _____ *[Vorname, Name des Patienten]*,
geboren am: _____ *[Geburtsdatum]*,
wohnhaft in: _____ *[Anschrift]*

habe mich mit Abschluss der Wahlleistungsvereinbarung vom _____ für die Erbringung wahlärztlicher Leistungen entschieden. Mir ist bekannt, dass das Krankenhaus die

_____
(Nennung der externen Abrechnungsstelle)

mit der Durchführung der Abrechnung der wahlärztlichen Leistungen beauftragt hat. Dazu ist die Angabe und Übermittlung meiner zur Abrechnung notwendigen persönlichen Behandlungsdaten, wie

- Name,
- Anschrift,
- Geburtsdatum,
- Behandlungstage,
- erbrachte Leistungen nach den Gebührenordnungen (GOÄ/GOZ) und dazugehörige Diagnosen

erforderlich. Die Mitarbeiter der Abrechnungsstelle unterliegen der Schweigepflicht und den Bestimmungen des Datenschutzes.

Ich bin damit einverstanden, dass das Krankenhaus der externen Abrechnungsstelle diese Daten zum Zwecke der Abrechnung der wahlärztlichen Leistungen übermittelt.

Die Einwilligung ist freiwillig. Sofern keine Einwilligung erteilt wird, entstehen hieraus keine Nachteile.

AVB, Behandlungsverträge und Wahlleistungsvereinbarung

Sie haben jederzeit die Möglichkeit, Ihre Einwilligung ohne Angabe von Gründen zu widerrufen. Im Falle des Widerrufs findet keine weitere Datenübermittlung zwischen der Abrechnungsstelle und dem Krankenhaus statt. Diese Widerrufserklärung ist an den Krankenhausträger zu richten. Ihr Widerruf gilt allerdings erst ab dem Zeitpunkt, zu dem dieser dem Krankenhausträger zugeht. Er hat keine Rückwirkung. Die Verarbeitung Ihrer Daten bis zu diesem Zeitpunkt bleibt rechtmäßig.

(Ort und Datum)   (Unterschrift des Patienten)

Behandlungsvertrag und AVB für ambulante Operationsleistungen und stationsersetzende Eingriffe

Behandlungsvertrag[155]
über ambulante Operationsleistungen
und stationsersetzende Eingriffe

zwischen

_____
Name, Vorname des Patienten[156]

_____
Geburtsdatum des Patienten

_____
Anschrift

und

_____
als Träger des Krankenhauses

_____

über ambulante Operationsleistungen und stationsersetzende Eingriffe zu den in den AVB des Krankenhauses vom _____ niedergelegten Bedingungen.

Hinweis:

Sofern kein gesetzlicher Krankenversicherungsschutz vorhanden ist, besteht nach Maßgabe der jeweils geltenden gesetzlichen Vorschriften keine Leistungspflicht eines öffentlich-rechtlichen Kostenträgers (z.B. Krankenkassen etc.). In diesen Fällen ist der Patient als Selbstzahler zur Entrichtung des Entgelts für die Krankenhausleistungen verpflichtet.

_____
Ort, Datum

_____   _____
Unterschrift des Patienten   Unterschrift des Krankenhausmitarbeiters

Ich handele als Vertreter mit Vertretungsmacht/gesetzlicher Vertreter/Betreuer[157]

_____   _____
Name, Vorname des Vertreters   Anschrift des Vertreters

_____
Unterschrift des Vertreters

AVB, Behandlungsverträge und Wahlleistungsvereinbarung

Empfangsbekenntnis[158]

Ich habe jeweils eine Ausfertigung

[ ] des Behandlungsvertrages
[ ] der Allgemeinen Vertragsbedingungen (AVB)
[ ] des Einverständnisses zur Datenübermittlung zwischen Hausarzt und Krankenhaus
[ ] des Einverständnisses zur Datenübermittlung an ein Unternehmen der privaten Krankenversicherung
[ ] der Information gegenüber Patienten im Krankenhausbereich auf der Grundlage der Art. 12 ff. DS-GVO
[ ] der Information für Kostenerstattungspatienten nach § 13 Abs. 2 SGB V

erhalten.

_____   _____
Datum   Unterschrift

Behandlungsvertrag und AVB für ambulante Operationsleistungen

Anlage

**Allgemeine Vertragsbedingungen (AVB)
für ambulante Operationsleistungen
und stationsersetzende Eingriffe**

für

das/die _____ Krankenhaus/Krankenhäuser

des/der _____ (Krankenhausträger)

**§ 1
Geltungsbereich**

Die AVB gelten, soweit nichts anderes vereinbart ist, für die vertraglichen Beziehungen[159] zwischen

_____

und Patienten bei ambulanten Operationen und stationsersetzenden Eingriffen.

**§ 2
Rechtsverhältnis**

Die Rechtsbeziehungen zwischen dem Krankenhaus und dem Patienten sind privatrechtlicher Natur.

**§ 3
Umfang der Leistungen bei ambulanten Operationen
und stationsersetzenden Eingriffen**

(1) Das Vertragsangebot des Krankenhauses erstreckt sich nur auf diejenigen Leistungen, für die das Krankenhaus im Rahmen seiner medizinischen Zielsetzung personell und sachlich ausgestattet ist.

(2) Die Verpflichtung des Krankenhauses beginnt nach Maßgabe des § 115b SGB V mit der Vereinbarung des Behandlungsvertrages und endet mit Abschluss der Nachsorge durch das Krankenhaus. Eine notwendige ärztliche Behandlung außer-

AVB, Behandlungsverträge und Wahlleistungsvereinbarung

halb des Krankenhauses wird durch den vertragsärztlichen Bereich erbracht und ist nicht Gegenstand der Krankenhausleistungen.

§ 4
Entgelte

(1) Bei der Behandlung von Patienten, die bei einer gesetzlichen Krankenkasse versichert sind, werden die erbrachten Leistungen auf der Grundlage des einheitlichen Bewertungsmaßstabs (EBM) gegenüber der Krankenkasse berechnet. Diese Abrechnungsgrundlage gilt auch bei Patienten, bei denen andere Sozialleistungsträger für die Kosten der Behandlung aufkommen.

(2) Bei selbstzahlenden Patienten rechnet das Krankenhaus die erbrachten Leistungen nach _____ ab.[160]

(3) Die Abs. 1 und 2 gelten nicht, wenn der Patient an demselben Tag in unmittelbarem Zusammenhang mit der ambulanten Operation/stationsersetzenden Leistung stationär aufgenommen wird. In diesem Fall erfolgt die Vergütung nach Maßgabe des Krankenhausentgeltgesetzes bzw. der Bundespflegesatzverordnung.

§ 5
Abrechnung des Entgelts bei Selbstzahlern

(1) Nach Beendigung der Behandlung wird eine Rechnung erstellt.

(2) Die Nachberechnung von Leistungen, die in der Schlussrechnung nicht enthalten sind, und die Berichtigung von Fehlern bleiben vorbehalten.[161]

(3) Der Rechnungsbetrag wird mit Zugang der Rechnung fällig.

(4) Bei Zahlungsverzug können Verzugszinsen in Höhe von fünf Prozentpunkten über dem Basiszinssatz pro Jahr (§ 288 Abs. 1 BGB) berechnet werden; darüber hinaus können Mahngebühren in Höhe von Euro _____ berechnet werden, es sei denn, der Patient weist nach, dass kein oder ein wesentlich geringerer Schaden entstanden ist.[162]

(5) Eine Aufrechnung mit bestrittenen oder nicht rechtskräftig festgestellten Forderungen ist ausgeschlossen.

(6) Legen Selbstzahler eine Kostenzusage einer privaten Krankenversicherung zugunsten des Krankenhauses vor oder macht der Patient von der Möglichkeit einer direkten Abrechnung zwischen dem Krankenhaus und dem privaten Krankenversicherungsunternehmen Gebrauch, werden Rechnungen unmittelbar gegenüber der

Behandlungsvertrag und AVB für ambulante Operationsleistungen

privaten Krankenversicherung erteilt. Voraussetzung für eine solche Direktabrechnung ist, dass der Versicherte schriftlich seine jederzeit widerrufbare Einwilligung in eine entsprechende Übermittlung der Abrechnungsdaten erklärt.[163]

§ 6
Aufklärung und Mitwirkungspflicht des Patienten

Ambulante Operationen und stationsersetzende Leistungen werden nur nach Aufklärung des Patienten über die Bedeutung und Tragweite des Eingriffs und nach seiner Einwilligung vorgenommen. Der Patient hat die erforderlichen Angaben zu machen, die der Krankenhausarzt zur Beurteilung der Durchführbarkeit der geplanten ambulanten Operation benötigt.

§ 7
Aufzeichnung und Daten

(1) Krankengeschichten, insbesondere Krankenblätter, Untersuchungsbefunde, Röntgenaufnahmen und andere Aufzeichnungen sind Eigentum des Krankenhauses.[164]

(2) Patienten haben in der Regel keinen Anspruch auf Herausgabe der Originalunterlagen. Abweichende gesetzliche Regelungen bleiben hiervon unberührt.[165]

(3) Das Recht des Patienten oder eines von ihm Beauftragten auf Einsicht in die Aufzeichnungen, auf Überlassung von Kopien, auch in Form von elektronischen Abschriften, auf seine Kosten und die Auskunftspflicht des behandelnden Krankenhausarztes bleiben unberührt.

(4) Die Verarbeitung der Daten einschließlich ihrer Weitergabe erfolgt unter Beachtung der gesetzlichen Regelungen, insbesondere der Bestimmungen über den Datenschutz, der ärztlichen Schweigepflicht und des Sozialgeheimnisses.

§ 8
Hausordnung

Der Patient hat die vom Krankenhaus erlassene Hausordnung zu beachten.[166]

§ 9
Eingebrachte Sachen

(1) In das Krankenhaus sollen nur die notwendigen Kleidungsstücke und Gebrauchsgegenstände eingebracht werden.

AVB, Behandlungsverträge und Wahlleistungsvereinbarung

(2) Geld und Wertsachen werden bei der Verwaltung in für das Krankenhaus zumutbarer Weise verwahrt.[167]

(3) Zurückgelassene Sachen gehen in das Eigentum des Krankenhauses über, wenn sie nicht innerhalb von 12 Wochen nach Aufforderung abgeholt werden.[168]

(4) Im Falle des Absatzes 3 wird in der Aufforderung ausdrücklich darauf verwiesen, dass auf den Herausgabeanspruch verzichtet wird mit der Folge, dass die zurückgelassenen Sachen nach Ablauf der Frist in das Eigentum des Krankenhauses übergehen.

§ 10
Haftungsbeschränkung[169]

(1) Für den Verlust oder die Beschädigung von eingebrachten Sachen, die in der Obhut des Patienten bleiben, oder von Fahrzeugen des Patienten, die auf dem Krankenhausgrundstück oder auf einem vom Krankenhaus bereitgestellten Parkplatz abgestellt sind, haftet der Krankenhausträger nur bei Vorsatz und grober Fahrlässigkeit; das gleiche gilt bei Verlust von Geld und Wertsachen, die nicht der Verwaltung zur Verwahrung übergeben wurden.

(2) Haftungsansprüche wegen Verlust oder Beschädigung von Geld und Wertsachen, die durch die Verwaltung verwahrt wurden sowie für Nachlassgegenstände, die sich in der Verwahrung der Verwaltung befunden haben, müssen innerhalb einer Frist von drei Monaten nach Erlangung der Kenntnis von dem Verlust oder der Beschädigung schriftlich geltend gemacht werden; die Frist beginnt frühestens mit der Entlassung des Patienten.

§ 11[170]
Zahlungsort

Der Zahlungspflichtige hat seine Schuld auf seine Gefahr und seine Kosten in _____ zu erfüllen.

§ 12
Inkrafttreten

Diese AVB treten am _____ in Kraft.

Erläuterungen

Erinnerungen

Erläuterungen zu allen Behandlungsverträgen, AVB und der Wahlleistungsvereinbarung

1   Nach Art. 3 Abs. 1 der Verordnung (EG) Nr. 593/2008 über das auf vertragliche Schuldverhältnisse anzuwendende Recht (ROM I-VO) kann der Krankenhausträger mit dem Patienten ausdrücklich vereinbaren, dass der gesamte Vertrag deutschem Recht unterliegt. In der Regel ist eine derartige ausdrückliche Rechtswahlklausel in AVB auch bei ausländischen Patienten jedoch entbehrlich, weil Dienstleistungsverträge dem Recht des Staates unterliegen, in dem der Dienstleister seinen gewöhnlichen Aufenthalt hat (Art. 4 Abs. 1b ROM I-VO); bei Krankenhausbehandlungen ist dies in der Regel am Ort des Krankenhauses. Ausnahmen können sich jedoch z.B. dann ergeben, wenn Patienten im Ausland angeworben werden und/oder es dort zu vorbereitenden Vertragshandlungen kommt. In diesen Fällen kann es ratsam sein, vertraglich die Geltung deutschen Rechts vorzusehen. Hierfür sollte vor der Unterschriftenzeile der Satz aufgenommen werden: „Dieser Vertrag unterliegt deutschem Recht."

2   Die Konfessionszugehörigkeit kann sowohl im Patientenstammblatt als auch bereits im Behandlungsvertrag angegeben werden; im letztgenannten Fall ist eine im Text des Behandlungsvertrages zu ergänzende Spalte „Konfessionszugehörigkeit" mit einer Fußnote zu versehen: „Diese Angabe ist freiwillig; sie dient der Unterrichtung des Seelsorgers."

3   Voraussetzung dafür, rechtsverbindliche Erklärungen rechtswirksam abgeben zu können, ist die sog. Geschäftsfähigkeit. Ist eine Person nicht geschäftsfähig, bedarf sie eines gesetzlichen Vertreters, der für sie handelt bzw. ihrem Handeln zustimmt, z.B. Eltern für ihr Kind.

Ein Vertreter mit Vertretungsmacht haftet nicht für das abgeschlossene Rechtsgeschäft. Liegt allerdings keine Vertretungsmacht vor, haftet der Vertreter dem Krankenhausträger gegenüber auf Schadensersatz. Daher ist es wichtig, sowohl den Namen als auch die Anschrift des Vertreters festzuhalten.

Darüber hinaus besteht bei Minderjährigen die Möglichkeit, den Vertrag mit den Eltern zugunsten des Kindes zu schließen (sog. Vertrag zugunsten Dritter). Hierfür sollten in das Rubrum des Behandlungsvertrages die Namen der Eltern aufgenommen werden. Der eigentliche Text des Vertrages ist dann um den Zusatz „zugunsten des _____ [Name des Kindes] ..." zu ergänzen.

4   Das Empfangsbekenntnis muss deutlich vom übrigen Vertragstext getrennt sein und gesondert unterschrieben werden.

AVB, Behandlungsverträge und Wahlleistungsvereinbarung

[5] Nach § 18 Abs. 1 S. 1 der BPflV in der Fassung **ab dem 01.01.2013** galten für Krankenhäuser, die in den Jahren 2013, 2014, 2015, 2016 oder 2017 das Vergütungssystem nach § 17d KHG (PEPP-System) noch **nicht** eingeführt hatten, in diesen Jahren die Regelungen der BPflV in der am 31.12.2012 geltenden Fassung **(alte Fassung – a. F.)** sowie die betreffenden Entgelte nach tagesgleichen Pflegesätzen weiter. Krankenhäuser, die bereits das Vergütungssystem nach § 17d KHG anwenden, rechnen nach der BPflV in der Fassung ab dem 01.01.2013 **(neue Fassung – n. F.)** ab. Es ist nachfolgend somit immer zwischen diesen beiden Fassungen **zu unterscheiden** und die für das einzelne Krankenhaus jeweils nicht zutreffende Norm **zu streichen**. Gleiches gilt grundsätzlich auch für die **im Empfangsbekenntnis genannten und den Patienten überlassenen Tarifwerken** (Pflegekostentarif oder Krankenhausentgelttarif oder PEPP-Entgelttarif) nach folgender Maßgabe:

Mit Beendigung der in § 18 Abs. 1 S. 1 BPflV geregelten Optionsphase war der bisherige Pflegekostentarif, welcher dem System der tagesgleichen Pflegesätze folgt, für 2018 nicht fortzuführen. Krankenhäuser, die jedoch noch kein neues Budget für 2018 nach dem PEPP-System abgeschlossen haben und weiterhin noch tagesgleiche Pflegesätze abrechnen, können auf den Pflegekostentarif 2017 zurückgreifen (siehe auch Hinweis auf Seite 35).

[6] Siehe Erläuterung 1

[7] Siehe Erläuterung 2

[8] Dies gilt nicht in den Fällen, in denen Krankenhaus und Belegarzt auf Honorarbasis nach §§ 121 Abs. 5 SGB V i.V.m. 18 Abs. 3 KHEntgG kooperieren. In diesen Fällen sollte **der vorangehende Satz** im Behandlungsvertrag wie folgt formuliert werden:

„Die Leistungen des Belegarztes werden vom Krankenhaus vergütet. Die vom Belegarzt hinzugezogenen Ärzte bzw. ärztlich geleiteten Einrichtungen außerhalb des Krankenhauses berechnen ihre Leistungen gesondert."

[9] Siehe Erläuterung 3

[10] Siehe Erläuterung 4

[11] Siehe Erläuterung 5

[12] Das vorliegende Muster Allgemeiner Vertragsbedingungen orientiert sich an der aus dem SGB V, KHG, KHEntgG, BPflV und BGB resultierenden Rechtslage. Bei einer individuellen Anpassung an die Situation des einzelnen Krankenhauses vor Ort müssen insbesondere die zwischen den Landesverbänden der Krankenkassen und den Verbänden der Ersatzkassen mit der jeweiligen

Landeskrankenhausgesellschaft geschlossenen zweiseitigen Verträge nach § 112 SGB V sowie die zusätzlich mit den kassenärztlichen Vereinigungen geschlossenen dreiseitigen Verträge nach § 115 SGB V beachtet werden. Diese Verträge konkretisieren z.T. die gesetzlichen Regelungen und stellen unmittelbar verbindliches Recht dar.

13 Hier sind die Namen der Krankenhäuser einzusetzen, die nach dem Willen des Krankenhausträgers unter den Geltungsbereich dieser AVB fallen sollen. Wenn mehrere räumlich getrennte Krankenhauskomplexe organisatorisch und wirtschaftlich zu einem Krankenhaus zusammengefasst sind, empfiehlt es sich, hier nur den Namen des zu einer Einheit zusammengefassten Krankenhauses einzusetzen, jedoch in einem Klammerzusatz die einzelnen Betriebsteile – möglichst mit Adressenangabe – aufzuführen.

14 Wird die Einbeziehung von Regelungen der AVB auch in das zwischen Krankenhausträger und Begleitperson des Patienten bestehende Vertragsverhältnis gewünscht, wird empfohlen, mit der Begleitperson eine gesonderte schriftliche Vereinbarung zu schließen und die die Begleitperson betreffenden Regelungen (insbesondere §§ 4, 14, 15, 16 und 17 AVB) anzupassen und in die Vereinbarung aufzunehmen.

15 Die AVB sind als Anlage zum schriftlichen Behandlungsvertrag vorgesehen. Dies ist aus beweisrechtlichen Gründen die beste Vorgehensweise. Anders als die Wahlleistungsvereinbarung kann der Behandlungsvertrag jedoch nicht nur schriftlich, sondern auch mündlich oder stillschweigend abgeschlossen werden. Wird kein schriftlicher Behandlungsvertrag abgeschlossen, schließt dies den wirksamen Einbezug der AVB nicht von Vornherein aus. So können die AVB auch bei Fehlen eines schriftlichen Behandlungsvertrags dem Patienten ausgehändigt werden, wobei dies aus beweisrechtlichen Gründen am Besten im Rahmen des Empfangsbekenntnisses vom Patienten bestätigt werden sollte. Ein wirksamer Einbezug ist grundsätzlich auch durch deutlich sichtbaren Aushang möglich. Dies setzt aber voraus, dass der Patient bei Vertragsschluss hierauf ausdrücklich hingewiesen wird, was sich ohne einen schriftlichen Vertrag schwer nachweisen lässt.

16 Wegen der bei der Aufnahme in das Krankenhaus vom Patienten abzugebenden Erklärungen siehe das beigefügte Muster eines Behandlungsvertrages und eines Empfangsbekenntnisses.

AVB, Behandlungsverträge und Wahlleistungsvereinbarung

17 Ausgangspunkt ist ein gespaltenes Vertragsverhältnis:

- Vertrag zwischen Belegarzt und Patient über belegärztliche Leistungen

- Vertrag zwischen Krankenhaus und Patient über allgemeine Krankenhausleistungen im Sinne von § 2 BPflV / § 2 KHEntgG.

18 Die hier aufgeführten Hilfsmittel werden den Patienten i.d.R. von den Krankenkassen zur Verfügung gestellt. Spezielle Regelungen in den Landesverträgen nach § 112 Abs. 2 Nr. 1 SGB V sind zu beachten.

19 Ggf. abweichende landesrechtliche Regelungen z.b. in Bestattungsgesetzen, etc., welche die Leichenschau und die Ausstellung einer Todesbescheinigung explizit den Krankenhausleistungen zuordnen, sind zu beachten.

20 Während früher stets streitig war, wer für die Kosten des hinzugezogenen – für die Durchführung der Behandlung notwendigen – **Dolmetschers** aufkommen musste, ist dies seit Inkrafttreten des Patientenrechtegesetzes (Gesetz zur Verbesserung der Rechte von Patientinnen und Patienten vom 20. Februar 2013, BGBl. Nr. 9, S. 277) am 26. Februar 2013 geklärt. Die Gesetzesbegründung zu § 630e (Bundestags-Drucksache 17/10488 vom 15.08.2012, B. Besonderer Teil, Zu Artikel 1, Zu Nummer 4, Zu § 630e) geht unmissverständlich davon aus, dass die diesbezüglich entstehenden Kosten vom Patienten zu tragen sind.

Die Frage, wer die Kosten im Rahmen des Einsatzes eines **Gebärdendolmetschers** zu tragen hat, ist noch nicht höchstrichterlich geklärt. Bis dieser Streit durch die Rechtsprechung geklärt ist, sollte der Auffassung der Krankenkassen, dass diese Kosten bereits pauschal in den DRG-Fallpauschalen einkalkuliert seien, entgegengetreten werden. Das Gesetz sieht in § 17 SGB I eine klare Kostentragungsregelung vor, auf die man Bezug nehmen kann. Dies dürfte sogar unabhängig von der Frage gelten, wer den Dolmetscher beauftragt hat.

21 Krankenhäuser, die bestimmte Leistungen, wie z.B. Schwangerschaftsabbruch und Sterilisation von ihrem Vertragsangebot ausnehmen wollen, müssen dies entsprechend ergänzen. Durch eine solche Ergänzung kann jedoch die Hilfeleistungspflicht nach § 323c StGB nicht ausgeschlossen werden.

22 Nach § 60 Abs. 2 Satz 1 Nr. 1 SGB V werden Fahrtkosten bei einer Verlegung in ein anderes Krankenhaus nur dann von den Krankenkassen erstattet, wenn die Verlegung aus zwingenden medizinischen Gründen erforderlich ist oder bei einer mit Einwilligung der Krankenkasse erfolgten Verlegung in ein wohnortnahes Krankenhaus. Die Verlegung aus zwingenden medizinischen Gründen ist z.B. dann notwendig, wenn die medizinische Versorgung in dem verlegenden Krankenhaus nicht in der hierzu erforderlichen Weise zur Heilung der Krankheit

erbracht werden kann. Bei einer Verlegung aus wirtschaftlichen oder organisatorischen Gründen soll gerade keine Kostentragung durch die Krankenkasse erfolgen. Es ist jedoch grundsätzlich zu beachten, dass aus § 60 SGB V nicht abgeleitet werden kann, dass Transportleistungen, die nicht in die Sachleistung der gesetzlichen Krankenversicherung fallen, automatisch Aufgabe der Krankenhäuser werden.

23 Eventuell abweichende oder konkretisierende Regelungen in den Landesverträgen gemäß § 115 Abs. 2 Nr. 4 SGB V sind zu beachten.

24 Stellt sich bei der vorstationären Behandlung heraus, dass ambulante Operationsleistungen ausreichen, ist mit dem Patienten ein neuer Behandlungsvertrag unter Einbeziehung der AVB für ambulante Operationsleistungen abzuschließen.

25 Eventuell abweichende oder konkretisierende Regelungen in den Landesverträgen gemäß § 115 Abs. 2 Nr. 4 SGB V sind zu beachten.

26 Gemäß § 115d Abs. 1 SGB V können psychiatrische Krankenhäuser mit regionaler Versorgungsverpflichtung sowie Allgemeinkrankenhäuser mit selbständigen, fachärztlich geleiteten psychiatrischen Abteilungen mit regionaler Versorgungsverpflichtung in medizinisch geeigneten Fällen, wenn eine Indikation für eine stationäre psychiatrische Behandlung vorliegt, anstelle einer vollstationären Behandlung eine stationsäquivalente psychiatrische Behandlung im häuslichen Umfeld erbringen. Der Krankenhausträger stellt dabei sicher, dass die erforderlichen Ärzte und nichtärztlichen Fachkräfte und die notwendigen Einrichtungen für eine stationsäquivalente Behandlung bei Bedarf zur Verfügung stehen.

Gemäß § 39 Abs. 1 Satz 4 SGB V umfasst die stationsäquivalente Behandlung eine psychiatrische Behandlung im häuslichen Umfeld durch mobile ärztlich geleitete multiprofessionelle Behandlungsteams. Sie entspricht hinsichtlich der Inhalte sowie der Flexibilität und Komplexität der Behandlung einer vollstationären Behandlung (§ 39 Abs. 1 Satz 5 SGB V).

Da die stationsäquivalente psychiatrische Behandlung nur für die in § 115d Abs. 1 SGB V genannten Krankenhäuser möglich ist und nur in den dort genannten medizinisch geeigneten Fällen zur Anwendung kommen kann, ist § 5a nur für diesen Fall im AVB-Muster vorzusehen und ansonsten zu streichen.

27 Unzutreffendes bitte streichen.

28 Wenn ein Unfallversicherungsträger unter Berufung auf die dem Durchgangsarzt erteilte Ermächtigung (Urteil des OLG Stuttgart vom 05.11.1975, Az.: 13 U 111/75) generell keine schriftliche Kostenübernahmeerklärung erteilt, soll das

AVB, Behandlungsverträge und Wahlleistungsvereinbarung

Krankenhaus für jeden Einzelfall vom Durchgangsarzt eine schriftliche Erklärung verlangen, dass er für Rechnung des Unfallversicherungsträgers die stationäre Heilbehandlung eingeleitet hat.

29   Unzutreffendes bitte streichen.

30   Die DKG und die GKV-Spitzenverbände haben eine Vereinbarung nach § 305 Abs. 2 SGB V über die Unterrichtung der Versicherten hinsichtlich der vom Krankenhaus erbrachten Leistungen und der dafür von den Krankenkassen zu zahlenden Entgelte geschlossen. Danach haben Krankenhäuser die Patienten im Rahmen der Krankenhausaufnahme auf ihr Recht gemäß § 305 Abs. 2 SGB V hinzuweisen. Diese Unterrichtung kann alternativ im Behandlungsvertrag, den allgemeinen Vertragsbedingungen, einer Patienteninformation, einem Aushang oder einer Auslage vorgenommen werden. Die Unterrichtung in den AVB bzw. im Behandlungsvertrag stellt die vorzugswürdigste Alternative dar, da sie den geringsten Verwaltungsaufwand aufweist und am kostengünstigsten ist. Sofern der Behandlungsvertrag die AVB nicht mit umfasst, bedarf es einer entsprechenden Regelung in den AVB (Variante 1). Für den Fall, dass ein Behandlungsvertrag ohne separate AVB geschlossen wird, ist die Aufnahme der dargestellten Regelung ausreichend (Variante 2). Da diese Unterrichtungsweise jedoch nicht zwingend ist, kommen als weitere Möglichkeit auch eine allgemein gehaltene Patienteninformation, ein Aushang oder eine Auslage in Betracht. Für den Fall, dass die Alternative der Übergabe einer Patienteninformation gewählt wird, ist zu bedenken, dass das jeweilige Empfangsbekenntnis, das Anlage zu den Behandlungsverträgen ist, um eine entsprechende Patienteninformation zu ergänzen ist.

31   Der Patient muss in die Übermittlung seiner Daten an die private Krankenversicherung zu Abrechnungszecken einwilligen, § 17c Abs. 5 KHG. Das Muster einer Einwilligungserklärung findet sich in Anlage 5.

32   Für Zwischenrechnungen ist ein prozentualer Anteil von der voraussichtlichen Schlussrechnung zugrunde zu legen.

33   Es wird empfohlen, explizit auch auf der Schlussrechnung folgenden Vermerk anzubringen:

„Die Nachberechnung von Leistungen, die in dieser Rechnung nicht enthalten sind und die Berichtigung von Fehlern bleiben vorbehalten."

34   Wenn ein Krankenhaus bei nicht rechtzeitiger Leistung Verzugszinsen berechnen will, muss es den Schuldner durch Mahnung nach § 286 Abs. 1 BGB in Verzug setzen. Der Schuldner kommt gemäß § 286 Abs. 3 BGB spätestens in Verzug, wenn er nicht innerhalb von 30 Tagen nach Fälligkeit und Zugang einer Rechnung oder gleichwertigen Zahlungsaufforderung leistet; dies gilt ge-

genüber einem Verbraucher (Patienten) jedoch nur, wenn auf diese Folgen in der Rechnung oder Zahlungsaufforderung besonders hingewiesen worden ist. Insofern sollte in die Rechnung folgender Zusatz aufgenommen werden:

„Diese Rechnung wird mit Zugang fällig. Das Krankenhaus ist bei Zahlungsverzug berechtigt, sämtliche zur zweckmäßigen Rechnungsverfolgung notwendigen Kosten sowie Verzugszinsen zu erheben. Zahlungsverzug tritt nach § 286 Abs. 3 BGB spätestens ein, wenn nicht innerhalb von 30 Tagen nach Fälligkeit und Zugang der Rechnung gezahlt wird."

Gemäß § 288 Abs. 3 BGB sind Verzugszinsen von mehr als fünf Prozentpunkten über dem Basiszinssatz zu begründen und im Streitfall unter Beweis zu stellen (z.b. besondere Aufwendungen für Porto, Sach- oder Personalmittel etc.).

Die Mahngebühren sind der Höhe nach als Euro-Betrag in den AVB auszuweisen. Hinsichtlich der Höhe einer Mahngebührenpauschale ist zu beachten, dass die Pauschale den nach dem gewöhnlichen Lauf der Dinge zu erwartenden Schaden nicht übersteigen darf. Nach der Rechtsprechung dürfte eine Pauschale bis zu 15 Euro angemessen sein. Des Weiteren fordert § 309 Nr. 5b) BGB einen verständlichen Hinweis, dass dem Patient der Nachweis offen stehe, es sei kein oder ein geringerer Schaden entstanden.

35 Eventuell abweichende Regelungen in den Landesverträgen gemäß § 112 SGB V sind zu beachten.

36 Siehe Erläuterung 5

37 Für Beurlaubungen sind die zwischen Krankenhaus und Krankenkassen geltenden Verträge nach § 112 SGB V zu beachten, welche Abweichendes regeln können. In einem solchen Fall sind die AVB (bzw. der Behandlungsvertrag) dem vorrangigen Landesvertrag anzupassen.

38 Vgl. hierzu Empfehlungen der DKG zur Aufklärung der Krankenhauspatienten über vorgesehene ärztliche Maßnahmen (7. Auflage 2015).

39 Hiervon abweichende Regelungen z.B. in Spezialgesetzen der Länder (Bestattungsgesetzen etc.) sind zu beachten. Ggf. muss die Obduktionsklausel diesen landesrechtlichen Vorgaben angepasst werden. Die hier vorgeschlagene Obduktionsklausel in § 12 verlangt eine ausdrückliche Einwilligung des Patienten zu Lebzeiten oder der erreichbaren nächsten Angehörigen des Verstorbenen. Nach der Rechtsprechung des BGH (Urteil vom 31.05.1990, Az.: IX ZR 257/89) ist demgegenüber auch eine Obduktionsklausel zulässig, die diese Einwilligung des Patienten bereits mit Abschluss des Krankenhausaufnahme-

vertrages herbeiführt und dem Patienten bzw. dem nächsten Angehörigen ein Widerspruchsrecht einräumt:

„(1) Die innere Leichenschau kann vorgenommen werden, wenn sie zur Feststellung der Todesursache aus ärztlicher Sicht notwendig ist oder wenn ein wissenschaftliches Interesse besteht.

(2) Von der inneren Leichenschau ist abzusehen, wenn ihr die verstorbene Person zu Lebzeiten widersprochen hat. Hat die verstorbene Person der inneren Leichenschau nicht ausdrücklich zugestimmt, darf sie erst nach Ablauf von acht Tagesstunden vorgenommen werden (Tagesstunden sind die Stunden von 7.00 bis 22.00 Uhr). Widersprechen der Ehegatte, die volljährigen Kinder, die Eltern oder die Geschwister der verstorbenen Person oder ihr gesetzlicher Vertreter innerhalb der genannten Frist, so ist von einer Leichenschau abzusehen; bis zu ihrer Vornahme ist auch ein nach Fristablauf eingegangener Widerspruch zu berücksichtigen. Bestehen unter den widerspruchsberechtigten Personen Meinungsverschiedenheiten, so geht der Wille des Ehegatten dem der volljährigen Kinder, der Wille der volljährigen Kinder dem der Eltern und der Wille der Eltern dem der Geschwister vor. Bei Meinungsverschiedenheiten unter widerspruchsberechtigten Personen gleichen Grades ist von der inneren Leichenschau abzusehen.

(3) Abs. 2 gilt nicht, wenn besondere gesetzliche Bestimmungen die innere Leichenschau vorschreiben." (BGH a.a.O.)

40 Abs. 1 findet auf die einem Belegarzt, einem Konsiliararzt u.a. gehörenden Aufzeichnungen keine Anwendung.

41 Nach § 630g Abs. 1 und 2 BGB sowie der Rechtsprechung des BGH (Urteil vom 23.11.1982, Az: VI ZR 222/79) besteht ein Anspruch des Patienten grundsätzlich nur auf Herausgabe von Abschriften gegen Kostenerstattung. Alternativ können Originale in den Räumlichkeiten des Krankenhauses eingesehen werden. Ausnahmsweise, z.B. bei einer Vielzahl von Röntgenbildern, deren Einsichtnahme und Begutachtung im Krankenhaus unzumutbar wäre, kann auch eine vorübergehende Übersendung von Originalunterlagen an einen Prozessbevollmächtigten des Patienten in Betracht kommen. Darüber hinaus ist § 85 Abs. 3 des Strahlenschutzgesetzes zu beachten. Nach dieser Vorschrift sind einem weiterbehandelnden Arzt auf dessen Verlangen Röntgenaufnahmen in einer für diesen geeigneten Form zugänglich zu machen, was auch eine vorübergehende Überlassung beinhalten kann. Hierdurch sollen Doppeluntersuchungen vermieden werden.

42 In § 630g Absatz 2 Satz 2 BGB hat der Gesetzgeber die Regelung verankert, dass der Patient für die Fertigung von Abschriften von der Patientenakte die entstandenen Kosten zu erstatten hat. Eine gesetzliche Regelung, die Anhalts-

Erläuterungen

punkte darüber liefert, in welcher Höhe die Kosten verlangt werden können, existiert allerdings nicht.

Maßgeblich ist in diesem Zusammenhang insofern das Urteil des Landgerichts München I vom 19.11.2008 (Az.: 9 O 5324/08), das sich mit der Frage der Höhe von Kopierkosten auseinandergesetzt und insbesondere den beträchtlichen Aufwand für die Vervielfältigung der unterschiedlichen Behandlungsunterlagen anerkannt hat. Das Landgericht hatte festgestellt, dass der Aufwand der Vervielfältigung einer Krankendokumentation beträchtlich ist und war aus diesem Grunde zu dem Ergebnis gelangt, dass der Aufwand durch eine Erstattung von 0,50 € für die ersten 50 Blatt und 0,15 € für jedes weitere Blatt nicht annähernd angemessen ausgeglichen wird. Eine Erstattung von 0,50 € pro DIN A4-Seite ist – unabhängig von der Anzahl der Seiten insgesamt – jedenfalls nicht unangemessen.

Des Weiteren sind nicht etwa die Krankenhausträger vorleistungspflichtig hinsichtlich der Herausgabe der Kopien, sondern vielmehr die Patienten bzw. deren Erben/Angehörige hinsichtlich der Erstattung der Kosten. Dies folgt bereits aus § 630g Abs. 1 Satz 3 BGB, der auf § 811 BGB verweist, und ist durch das Urteil des Saarländischen Oberlandesgericht Saarbrücken vom 16.11.2016 (Az.: 1 U 57/16) bestätigt worden. Das Saarländische Oberlandesgericht hat festgestellt, dass die Patienten bzw. deren Erben/Angehörige zunächst die Kosten zu erstatten haben. Der Zweck dieser Vorleistungspflicht besteht darin, dass es dem Krankenhausträger nicht zugemutet werden soll, einen Kostenerstattungsanspruch im Anschluss an die Aushändigung der Unterlagen langjährig zu verfolgen oder gar klageweise geltend machen zu müssen. Für die Verweigerung der Vorlegung der Kopien ist allerdings erforderlich, dass das Krankenhaus überhaupt auf das Herausgabeverlangen reagiert und die Höhe der Kosten mitteilt.

Obige Ausführungen gelten entsprechend, sofern elektronische Abschriften von der Patientenakte gefertigt werden. Unter Maßgabe der Feststellungen des o.g. Urteils des Landgerichts München I wird durch die Erstattung der Kopierkosten insbesondere dem beträchtlichen Aufwand für die Vervielfältigung der unterschiedlichen Behandlungsunterlagen Rechnung getragen. Dabei geht es nicht um die Sachkosten eines einzelnen Blattes Papier, sondern vielmehr um den Arbeitsaufwand, der durch die Bearbeitung entsteht. Dabei kann es keinen Unterschied machen, ob ein Blatt Papier auf einen Kopierer gelegt und vervielfältigt werden muss, oder ob jede einzelne Datei einer Patientenakte digital geöffnet und auf ein anderes Medium gespeichert wird. Dies gilt insbesondere vor dem Hintergrund, dass die Einsichtnahme bzw. Herausgabe einer Akte nicht ohne Prüfung der kompletten Akte erfolgen kann, sondern Beschränkungen unterliegt. Dies ergibt sich aus § 630g Abs. 1 Satz 1 BGB. Danach kann der Patient seine Akte nur einsehen, soweit der Einsichtnahme nicht erhebliche

AVB, Behandlungsverträge und Wahlleistungsvereinbarung

therapeutische Gründe oder sonstige erhebliche Rechte Dritter entgegenstehen. Das Argument, eine digitale Akte könne „mit einem Knopfdruck" – sofern überhaupt rein technisch möglich – kopiert werden, ist damit eindeutig widerlegt.

43 Soll eine vom Krankenhaus erlassene Hausordnung zum Bestandteil des Behandlungsvertrages gemacht werden, ist sie entweder in den AVB abzudrucken, dem Patienten als Anlage auszuhändigen oder durch deutlich sichtbaren Aushang darzustellen.

44 Unter dem Begriff „Wertsachen" sind Wertpapiere und sonstige Urkunden sowie Kostbarkeiten (§ 372 BGB) zu verstehen. Ob eine Sache als Wertsache anzusehen ist, richtet sich nach der allgemeinen Verkehrsanschauung; i.d.R. handelt es sich um Sachen, deren Wert im Verhältnis zu Größe und Gewicht besonders hoch ist. Im Zweifel kann zur Auslegung des Begriffs „Wertsachen" die Rechtsprechung zu den §§ 372 und 702 BGB herangezogen werden. In großen Krankenhäusern empfiehlt es sich, in die AVB eine genauere Bezeichnung der annahmeberechtigten Stellen oder Personen aufzunehmen.

45 Die Zwölf-Wochen-Frist ist in der Aufforderung kalendermäßig zu bestimmen. Die Beweislast für den Zeitpunkt des Zugangs der Aufforderung liegt beim Krankenhaus. Es wird deshalb empfohlen, das Benachrichtigungsschreiben als Einschreiben mit Rückschein zuzustellen.

46 In Haftpflichtversicherungsverträgen können weitere Haftungsausschlüsse enthalten sein (z.B. für Parkhäuser). Der Krankenhausträger muss in eigener Zuständigkeit prüfen, inwieweit solche Haftungsausschlüsse unter Beachtung von §§ 305 ff. BGB in die AVB zu übernehmen sind.

47 Auch ohne eine solche Vereinbarung ergibt sich nach der Rechtsprechung des BGH (Urteil vom 08.12.2011, Az.: III ZR 114/11) für den Vergütungsanspruch ein einheitlicher Leistungsort am Ort des Krankenhauses. Der Leistungsort ist entscheidend für die örtliche Zuständigkeit des Gerichts bei Streitigkeiten aus dem Behandlungsvertrag (§ 29 Abs. 1 ZPO). Demzufolge können Krankenhäuser eine Klage auf Zahlung der Vergütung gegen selbstzahlende Patienten bei dem Gericht erheben, in dessen Bezirk die Klinik ihren Sitz hat.

48 Unzutreffendes bitte streichen.

49 Siehe Erläuterung 1

50 Siehe Erläuterung 2

51 Siehe Erläuterung 17

52 Siehe Erläuterung 18

53 Siehe Erläuterung 19

54 Siehe Erläuterung 20

55 Siehe Erläuterung 21

56 Siehe Erläuterung 22

57 Unzutreffendes bitte streichen.

58 Siehe Erläuterung 28

59 Siehe Erläuterung 30

60 Siehe Erläuterung 31

61 Siehe Erläuterung 32

62 Siehe Erläuterung 33

63 Siehe Erläuterung 34

64 Siehe Erläuterung 44

65 Siehe Erläuterung 45

66 Siehe Erläuterung 46

67 Siehe Erläuterung 47

68 Siehe Erläuterung 43

69 Siehe Erläuterung 3

70 Unzutreffendes bitte streichen.

71 Siehe Erläuterung 4

72 Siehe Erläuterung 5

73 Siehe Erläuterung 1

74 Siehe Erläuterung 2

75 Siehe Erläuterung 17

AVB, Behandlungsverträge und Wahlleistungsvereinbarung

[76] Siehe Erläuterung 18

[77] Siehe Erläuterung 19

[78] Siehe Erläuterung 20

[79] Siehe Erläuterung 21

[80] Siehe Erläuterung 22

[81] Unzutreffendes bitte streichen.

[82] Dies gilt nicht, wenn Krankenhaus und Belegarzt auf Honorarbasis nach §§ 121 Abs. 5 SGB V i.V.m. 18 Abs. 3 KHEntgG kooperieren. In diesen Fällen sollte wie folgt formuliert werden:

„Die Leistungen des Belegarztes werden vom Krankenhaus vergütet. Die vom Belegarzt hinzugezogenen Ärzte bzw. ärztlich geleiteten Einrichtungen außerhalb des Krankenhauses berechnen ihre Leistungen gesondert."

[83] Siehe Erläuterung 28

[84] Siehe Erläuterung 30

[85] Siehe Erläuterung 31

[86] Siehe Erläuterung 32

[87] Siehe Erläuterung 33

[88] Siehe Erläuterung 34

[89] Siehe Erläuterung 44

[90] Siehe Erläuterung 45

[91] Siehe Erläuterung 46

[92] Siehe Erläuterung 47

[93] Siehe Erläuterung 43

[94] Siehe Erläuterung 3

[95] Unzutreffendes bitte streichen.

[96] Siehe Erläuterung 4

Erläuterungen

97 Siehe Erläuterung 5

98 Mit dieser Patienteninformation wird zugleich die mögliche Verpflichtung gemäß § 630c Abs. 3 BGB erfüllt, wonach der Behandelnde den Patienten vor Beginn der Behandlung über die voraussichtlichen Kosten in Textform zu informieren hat, wenn er weiß, dass eine vollständige Übernahme der Behandlungskosten durch einen Dritten nicht gesichert ist oder sich hierfür nach den Umständen hinreichende Anhaltspunkte ergeben. Da die voraussichtlichen Kosten vor der Behandlung nicht absehbar sind, sondern erst immer am Schluss der Behandlung feststehen, kann dem Krankenhaus in diesem Rahmen eine detaillierte Bezifferung nicht abverlangt werden, sondern nur die Darstellung, welche Entgelte der Behandlung zugrunde gelegt werden können (vgl. zur vergleichbaren Problematik der Reichweite der Unterrichtungspflicht bei wahlärztlichen Leistungen BGH, Urteil vom 27.11.2003, Az.: III ZR 37/03).

99 Die Höhe des Zuschlages von 45,00 € ist in der *Vereinbarung von Zuschlägen für die Aufnahme von Begleitpersonen nach § 17b Abs. 1 S. 4 KHG* geregelt. Dieser Zuschlag betrifft im Übrigen nur die Fälle der medizinisch notwendigen Aufnahme von Begleitpersonen und ist von der wahlweisen Unterbringung und Verpflegung einer Begleitperson zu unterscheiden.

100 Jedes Krankenhaus, das nicht an der Notfallversorgung teilnimmt, hat einen Abschlag von der Krankenhausrechnung vorzunehmen. Solange die Höhe dieses Abschlags auf Bundesebene noch nicht vereinbart wurde, ist ein Betrag von 50,00 € je vollstationärem Fall abzuziehen. Gleiches gilt bis zur Vereinbarung von Zu- oder Abschlägen für die Teilnahme oder Nichtteilnahme von Krankenhäusern an der Notfallversorgung nach § 9 Abs. 1a Nr. 5 KHEntgG.

101 Der Mehrleistungsabschlag nach § 4 Abs. 2a KHEntgG läuft 2018 aus. Sein Volumen fällt nach § 4 Abs. 2b Satz 7 KHEntgG jedoch in den Fixkostendegressionsabschlag hinein, sodass in der Rechnung nur noch dieser ausgewiesen wird.

102 Maßgeblich dazu sind jedoch die Vorgaben nach § 9 Abs. 1a S. 1 KHEntgG durch die Vertragsparteien auf Bundesebene.

103 Die Höhe des Zuschlages bestimmt sich nach der *Vereinbarung zu klinischen Sektionen gemäß § 9 Abs. 1a Nr. 3 KHEntgG*.

104 Die Zuschläge für die Finanzierung des Instituts für Qualität und Wirtschaftlichkeit im Gesundheitswesen nach § 139a i.V.m. § 139c SGB V, des Instituts für Qualität und Transparenz im Gesundheitswesen nach § 137a Abs. 8 i.V.m. § 139c SGB V und für die Finanzierung des Gemeinsamen Bundesausschusses nach § 91 i.V.m. § 139c SGB V werden gemeinsam erhoben und als ein gemeinsamer Zuschlag in der Rechnung des Krankenhauses ausgewiesen.

AVB, Behandlungsverträge und Wahlleistungsvereinbarung

[105] Nach § 121 Abs. 5 SGB V i.V.m. § 18 Abs. 3 KHEntgG können Krankenhäuser mit Belegbetten zur Vergütung der belegärztlichen Leistungen mit Belegärzten auch Honorarverträge schließen. Die Leistungen des Belegarztes würden ihm in dieser Konstellation vom Krankenhaus vergütet werden.

[106] Siehe Erläuterung 104

[107] Maßgeblich dazu sind jedoch die Vorgaben nach § 5 Abs. 3 BPflV i.V.m. § 5 Abs. 3a und § 9 Abs. 1a S. 1 KHEntgG durch die Vertragsparteien auf Bundesebene.

[108] Eine Vereinbarung zur Höhe des Zuschlages, ähnlich der *Vereinbarung von Zuschlägen für die Aufnahme von Begleitpersonen nach § 17b Abs. 1a Nr. 7 KHG* für den somatischen Bereich, wurde für die Psychiatrie und Psychosomatik nicht getroffen.

[109] Gemäß § 73 Abs. 1b SGB V muss der Krankenhausträger jeden gesetzlich krankenversicherten Patienten nach dessen Hausarzt befragen. Gleichzeitig regelt diese Vorschrift die Datenübermittlung zwischen dem Hausarzt und dem Krankenhaus. Hierfür ist eine schriftliche und jederzeit widerrufbare Einwilligungserklärung des Patienten erforderlich. Die Angaben und Erklärungen durch den Patienten sind freiwillig. Bei einer Integration der Einwilligungserklärung in den Behandlungsvertrag ist aus datenschutzrechtlichen Gründen eine optische Hervorhebung, z.B. durch Fettdruck oder Umrahmung, erforderlich.

[110] Für kirchliche Krankenhäuser gelten folgende Regelungen als Rechtsgrundlage: § 6 Ziff. 2, § 13 Abs. 2 Ziff. 1, Ziff. 8, Abs. 3 DSG-EKD i.V.m. § 73 Abs. 1b SGB V; § 6 Abs. 1 b), § 11 Abs. 2 a), h) KDG i.V.m. § 73 Abs. 1b SGB V.

[111] Auch im Falle einer Verweigerung des Einverständnisses sollte sich das Krankenhaus die Variante „Nein" ausdrücklich ankreuzen und vom Patienten unterzeichnen lassen. Dies stellt unmissverständlich den eindeutigen Patientenwillen klar und beugt dem Vorwurf einer Verletzung von dreiseitigen Landesverträgen nach § 115 Abs. 2 S. 1 Nr. 2 SGB V (gegenseitige Unterrichtung über die Behandlung der Patienten sowie über die Überlassung und Verwendung von Krankenunterlagen) vor.

[112] Siehe Erläuterung 111

[113] **Anwendungsbereich des Musters:**

Kurz gesagt gilt dieses Muster in den Bundesländern, in denen keine gesetzlichen Spezialregelungen existieren und dort für gesetzliche und privat krankenversicherte Patienten. Hierzu im Einzelnen wie folgt:

Erläuterungen

In einigen Bundesländern existieren zur Datenübermittlung zwischen Vor-/ Weiterbehandlern und Krankenhäusern (Stichwort „Gegenseitige Unterrichtung")

- gesetzliche Regelungen in Landeskrankenhausgesetzen oder
- in bereichsspezifischen Landesdatenschutzgesetzen und/oder
- dreiseitige Verträge auf Landesebene gemäß § 115 Abs. 2 Nr. 2 SGB V.

Sofern in dem Bundesland an dem Sitz des Trägers des Krankenhauses entsprechende Regelungen dazu existieren, können Datenübermittlungen an die darin bezeichneten z.B. „vor-/weiter-/nachbehandelnde Ärzte" (Krankenhäuser/ Vertragsärzte/MVZ/Ambulanzen etc.) erfolgen, ohne dass es hierzu einer Einwilligung des Patienten bedarf. Die Übermittlung erfolgt in diesen Fällen auf der Grundlage gesetzlicher Regelungen: Art. 9 Abs. 2h, Abs. 3, Abs. 4 DS-GVO i.V.m. der entsprechenden landesrechtlichen Regelung. Der Verwendung eines Formulars nebst Einforderung der schriftlichen Einwilligung durch den Patienten bedarf es also in diesen Fällen nicht. Sofern Krankenhäuser jedoch im Sinne einer beweissicheren Dokumentation dennoch hinsichtlich der Vor-/ Weiterbehandler eine schriftliche Einwilligung von den Patienten einfordern, kann hiesiges Formular verwendet werden.

Insofern gilt dieses Formular grundsätzlich für Krankenhausträger in Bundesländern, in denen weder gesetzliche Regelungen in Landeskrankenhausgesetzen/bereichsspezifischen Landesdatenschutzgesetzen zur Datenübermittlung zwischen Vor-/Weiterbehandlern und Krankenhäusern noch entsprechende dreiseitige Verträge auf Landesebene gemäß § 115 Abs. 2 Nr. 2 SGB V existieren. Allerdings muss auch hier keine schriftliche Einwilligung des Patienten eingeholt werden, sondern es genügt eine ausdrückliche Einwilligung (Art. 6, 7, 9 DS-GVO). Die ausdrückliche Einwilligung empfiehlt sich jedoch – aus Gründen der Beweissicherung –, im System zu dokumentieren.

Ferner gilt dieses Formular nicht für die Datenübermittlung zwischen dem **Hausarzt** des Patienten und dem Krankenhaus. Hierfür gilt das spezielle, voranstehende Formular „Datenübermittlung zwischen Hausarzt und Krankenhaus" auf der Grundlage von Art. 9 Abs. 2h, Abs. 3, Abs. 4 DS-GVO i.V.m. § 73 Abs. 1b SGB V. Da der deutsche Gesetzgeber – als Spezialregelung – für die Datenübermittlung zwischen Hausarzt und Krankenhaus eine schriftliche Einwilligungserklärung fordert, während die Datenübermittlung zwischen Vor-/ Weiterbehandlern und Krankenhäusern „lediglich" eine ausdrückliche Einwilligung voraussetzt, die also nicht schriftlich erfolgen muss, sind die Muster getrennt dargestellt.

Die getrennte Verwendung empfiehlt sich insbesondere für **gesetzlich krankenversicherte Patienten**, für die die „schriftliche Einwilligung" bei der „Übermittlung Hausarzt" zwingend ist. Für **privat krankenversicherte Patienten**

AVB, Behandlungsverträge und Wahlleistungsvereinbarung

bedarf es dieser Unterscheidung nicht, da diese nicht in den Anwendungsbereich dieser speziellen Regelung des SGB V (§ 73 Abs. 1b SGB V) fallen. Aus diesem Grund müssen privat Versicherte das Formular „*Hausarzt*" nicht unterschreiben. Für privat Versicherte kann hiesiges Formular verwendet werden.

Im Übrigen besteht die Möglichkeit, beide Formulare („*Hausarzt*" und „*sonstige Vor-/Weiterbehandler*") in einem Formular zusammenzufassen. In diesem Falle wären jedoch zwei Unterschriftszeilen vorzusehen und für beide Fälle auch der Hinweis notwendig, dass die Einwilligung freiwillig ist und die Möglichkeit des jederzeitigen Widerrufs besteht. Die Formulare wären einfach in Gänze hintereinander zu kopieren.

114 Unter den sonstigen Vor-/Nachbehandlern sind z.b. einweisende Ärzte, nachbehandelnde Ärzte, andere Krankenhäuser, Therapeuten usw. zu verstehen.

115 Für kirchliche Krankenhäuser gelten folgende Regelungen als Rechtsgrundlage: § 6 Ziff. 2, § 13 Abs. 2 Ziff. 1 DSG-EKD; § 6 Abs. 1 b), § 11 Abs. 2 a) KDG.

116 Für kirchliche Krankenhäuser gelten folgende Regelungen als Rechtsgrundlage: § 6 Ziff. 2, § 13 Abs. 2 Ziff. 1, Ziff. 8, Abs. 3 DSG-EKD i.V.m. § 17c Abs. 5 KHG; § 6 Abs. 1 b), § 11 Abs. 2 a), h) KDG i.V.m. § 17c Abs. 5 KHG.

117 Für kirchliche Krankenhäuser finden sich die Regelungen über die Informationspflichten in §§ 16 ff. DSG-EKD / §§ 14 ff. KDG.

118 Das Muster bildet einen Standard ab, der keinen Anspruch auf Vollständigkeit erhebt und an die konkreten Gegebenheiten vor Ort anzupassen ist.

Beispielsweise können noch folgende Ergänzungen unter den Stichwörtern **"Unsere Ansprechpartner/Kontakte"** oder **"Unsere Dienstleister"** vorgenommen werden:

"Ansprechpartner unseres zentralen Patientenmanagements ist:

_____ *[Name]*
_____ *[Telefon/E-Mail/Fax/Raum]"*

"Aus Kapazitätsgründen werden nicht alle **Schreibarbeiten***, wie Befundungen, Arztbriefe o.ä., im Krankenhaus geschrieben, sondern derzeit vom Schreibdienst* _____ *[genaue Benennung] außerhalb des Krankenhauses erstellt."*

"Zur langfristigen Aufbewahrung unserer Patientenakten werden diese **digitalisiert***/auf Mikrofilm aufgenommen. Diese Arbeiten erfolgen außerhalb des Krankenhauses und werden von folgender Firma durchgeführt:* _____ *[genaue Benennung]."*

Erläuterungen

119 Hier bedarf es der genauen Benennung des Krankenhausträgers, unter Angabe der Postadresse, Telefon- und Faxnummer, E-Mail-Adresse etc.

Als weiterer Service könnten noch folgende Daten in das Formular aufgenommen werden:

„*Verantwortliche Stelle für die Datenverarbeitung ist die Geschäftsführung:*

_____ *[Name der Geschäftsführung]*
_____ *[Name des Krankenhauses]*
_____ *[Adresse/Sitz des Krankenhauses]*
_____ *[Telefon/E-Mail/Fax]*"

120 Die DS-GVO sieht weitere zwingende Informationspflichten vor, sofern die Tatbestände erfüllt werden. Dies betrifft folgende Fälle:

1. Angabe der Absicht des Verantwortlichen, die personenbezogenen Daten an ein Drittland zu übermitteln, Art. 13 Abs. 1 f) DS-GVO / § 15 Abs. 1 f) KDG

Sofern eine Übermittlung personenbezogener Daten an Drittländer außerhalb der EU bzw. EWR vorgenommen werden sollten, bedarf es einer Ergänzung der Musterformulierung. Diese könnte wie folgt lauten:

„*Übermittlung Ihrer Daten in ein Land außerhalb EU/EWR*"

In der Regel werden Ihre personenbezogenen Daten innerhalb Deutschlands, der EU oder des Europäischen Wirtschaftsraumes verarbeitet. In allen diesen Ländern besteht aufgrund der EU Datenschutz-Grundverordnung (EU DS-GVO) ein hohes einheitliches Datenschutzniveau, wonach Ihre Daten umfangreich geschützt sind. Eine Ausnahme davon bilden in unserem Krankenhaus einzelne Datenübermittlungen in/nach _____ [Benennung des Drittlandes, z.B. USA]. Diese sind notwendig um _____ [Angabe des Grundes, z.B. um dort ganz spezielle Prothesen herstellen zu lassen, die nur dort erhältlich sind]. Wir versichern Ihnen, dass auch bei diesen Übermittlungen alles unternommen wird, um Ihre Daten zu schützen."

Dieser zusätzlichen Angabe bedarf es nicht, sofern sich Krankenhäuser lediglich Auftragsverarbeitern bedienen, die einen Sitz zum Teil auch im Nicht-EU-Ausland haben. Dies stellt keine „Übermittlung" im klassischen Sinne dar.

Die DSG-EKD enthält keine entsprechende Regelung.

2. **Angabe des Bestehens einer automatisierten Entscheidungsfindung einschließlich Profiling, Artikel 13 Abs. 2 f) DS-GVO / § 15 Abs. 2 f) KDG**

Gemäß Artikel 13 Abs. 2 f) DS-GVO / § 15 Abs. 2 f) KDG ist auf das Bestehen automatisierter Entscheidungsfindungen einschließlich Profiling hinzuweisen. Sofern Krankenhausträger weder automatisierte Entscheidungsfindungen noch Profiling planen, ist die diesbezügliche Angabe obsolet. Die DKG geht davon aus, dass es diesbezüglich in der Regel keiner Angabe gegenüber den Patienten bedarf. Sofern überhaupt eingesetzt, dürften automatisierte Entscheidungsfindungen nur als Entscheidungshilfen eingesetzt werden und stets die Letztentscheidung beim Arzt verbleiben. Sollte dies jedoch nicht der Fall sein, bedarf es der Aufnahme eines entsprechenden Hinweises.

Die DSG-EKD enthält keine entsprechende Regelung.

121 Krankenhäuser sollten den Punkt Forschung an dieser Stelle nur angeben, wenn es sich dabei um einen regelhaften Verarbeitungszweck handelt. Voraussetzung dafür ist, dass regelhaft Forschung betrieben wird (z.B. bei Universitätskliniken). Krankenhäuser, bei denen dies nicht der Fall ist, sollten die Forschung an dieser Stelle im Formular streichen. Bei diesen Krankenhäusern kann im Falle der Forschung eine Weiterverarbeitung von personenbezogenen Daten zu einem anderen Zweck vorliegen (vgl. Art. 5 Abs. 1b DS-GVO i.V.m. Art. 6 Abs. 4 DS-GVO bzw. § 7 Abs. 1 DSG-EKD / § 6 Abs. 2 KDG).

122 Sollte es sich um eine Behandlung durch psychologische Psychotherapeuten handeln, wäre folgender Passus zu streichen: *„wozu etwa auch Ärzte anderer Abteilungen zählen, die an einer fachübergreifenden Behandlung teilnehmen"*. Dies resultiert aus den Sonderregelungen der entsprechenden Musterberufsordnung für psychologische Psychotherapeuten, § 8 Abs. 6.

123 Für kirchliche Krankenhäuser bedarf es an dieser Stelle der Anpassungen an die §§ 16 ff. DSG-EKD / §§ 14 ff. KDG.

124 Die Ausführungen bzgl. des Bundesdatenschutzgesetzes können je nach Trägerschaft des Krankenhauses entfallen. Gemäß dem Anwendungsbereich des BDSG gilt dieses hauptsächlich für Krankenhäuser in privater Trägerschaft sowie in der Trägerschaft des Bundes. Für Krankenhäuser in öffentlicher Trägerschaft des Landes, der Kommunen, einer Gemeinde usw. können diese Ausführungen insofern entfallen.

125 Für kirchliche Krankenhäuser bedarf es an dieser Stelle der Anpassungen an die § 13 Abs. 2 Ziff. 8, Abs. 3 DSG-EKD / § 11 Abs. 2 h), Abs. 3 KDG.

126 Siehe hierzu die weiteren Erläuterungen unter Ziff. 118.

Erläuterungen

[127] Für kirchliche Krankenhäuser bedarf es an dieser Stelle der Anpassungen an die §§ 19 ff. DSG-EKD / §§ 17 ff. KDG.

[128] Für kirchliche Krankenhäuser bedarf es an dieser Stelle der Anpassungen an § 46 DSG-EKD / § 48 KDG.

[129] An dieser Stelle kann die konkrete Aufsichtsbehörde nebst Adresse und Kontaktdaten benannt werden. Diese zusätzliche Angabe ist freiwillig.

[130] Die Angabe des Namens des Datenschutzbeauftragten ist nicht erforderlich, kann aber freiwillig erfolgen.

[131] Gemäß § 13 Abs. 2 Satz 2 SGB V hat der Leistungserbringer den Versicherten bei der Wahl der Kostenerstattung vor Inanspruchnahme der Leistung darüber zu informieren, dass Kosten, die nicht von der Krankenkasse übernommen werden, vom Versicherten zu tragen sind. Der Nachweis, dass der Patient informiert worden ist, kann anhand des von ihm unterzeichneten Empfangsbekenntnisses geführt werden, mit dem er den Erhalt des Hinweises bestätigt.

[132] Nach § 39 Abs. 1a S. 11 und 13 SGB V bedarf das Entlassmanagement einer vorherigen schriftlichen Information des gesetzlich versicherten Patienten. Dieser Information dient das Formular „Patienteninformation zum Entlassmanagement". Das Formular ist als Anlage 1a Bestandteil des Rahmenvertrages zum Entlassmanagement und wurde am 13.10.2016 vom erweiterten Bundesschiedsamt festgesetzt. Der Inhalt des Formulars ist somit bundeseinheitlich verpflichtend und darf nicht geändert werden. Die Information des Patienten muss bereits im Rahmen der Aufnahme erfolgen.

[133] Gemäß § 39 Abs. 1a S. 11 und 13 SGB V bedarf das Entlassmanagement auch der schriftlichen Einwilligung des Patienten in das Entlassmanagement und die dazu erforderliche Erhebung, Verarbeitung und Nutzung personenbezogener Daten des Patienten. Zwar sieht der Gesetzeswortlaut die Einwilligung der Patienten in das Entlassmanagement und die erforderliche Datenverarbeitung vor dem eigentlichen Entlassmanagement vor. Auf Sinn und Zweck des Zustimmungs- und Einwilligungserfordernisses reduziert, kann jedoch nicht davon ausgegangen werden, dass der Gesetzgeber die Krankenhäuser tatsächlich in jedem Fall dazu verpflichten wollte, die schriftliche Einwilligung einzuholen, sondern nur in den Fällen, in denen ein mit einer Datenübermittlung verbundenes Entlassmanagement erforderlich ist. Die Krankenhäuser können somit selbst entscheiden, ob sie die Anlage 9 ebenfalls schon zur Aufnahme des Patienten im Krankenhaus oder zu einem späteren Zeitpunkt, wenn das Entlassmanagement tatsächlich eine Datenübermittlung an Dritte erfordert, vom Patienten unterzeichnen lassen.

AVB, Behandlungsverträge und Wahlleistungsvereinbarung

134 Gem. § 17 Abs. 2 KHEntgG ist der Patient vor Abschluss einer Wahlleistungsvereinbarung mit dem Krankenhaus über die Entgelte der Wahlleistungen und deren Inhalte im Einzelnen zu unterrichten. Hierdurch soll der Patient vor einer übereilten, kostenträchtigen Entscheidung geschützt werden. Dieser Information dient das Formular „Patienteninformation bei wahlärztlichen Leistungen", das nach ständiger Rechtsprechung des BGH den Anforderungen des § 22 Abs. 2 BPflV a.F. / § 17 Abs. 2 KHEntgG genügt (vgl. Urteile vom 27.11.2003, Az.: III ZR 37/03 und 08.01.2004, Az.: III ZR 375/02 sowie 01.02.2007, Az.: III ZR 126/06).

135 Die Vereinbarung wahlärztlicher Leistungen richtet sich nach § 17 KHEntgG. § 17 Abs. 2 KHEntgG regelt, dass neben der Wahlleistungsvereinbarung auch die Patienteninformation schriftlich zu erfolgen hat. Aus Gründen der Rechtssicherheit sollte die Patienteninformation von einem Krankenhausmitarbeiter für den Krankenhausträger unterzeichnet werden. Bezüglich der genauen Anforderungen an das Schriftformerfordernis wird auf die Ausführungen in Erläuterung 150 verwiesen.

136 Es wird dringend empfohlen, die Wahlleistungsvereinbarung klar vom Behandlungsvertrag zu trennen (gesondertes Formular möglichst in anderer Farbe).

137 Es ist unerlässlich, rechtzeitig durch die zuständigen Organe beschließen zu lassen, welche Wahlleistungen angeboten werden. Der Katalog der angebotenen Wahlleistungen muss nach § 22 Abs. 1 BPflV a.F. / § 16 BPflV n.F. / § 17 Abs. 2 KHEntgG der zuständigen Landesbehörde mitgeteilt werden. Einer Genehmigung der Behörde bedarf es weder hinsichtlich des Kataloges der Wahlleistungen noch hinsichtlich der Höhe der Entgelte. Die Zulässigkeit einer Koppelung von Wahlleistungen untereinander bestimmt sich nach § 22 Abs. 1 BPflV a.F. / § 16 BPflV n.F. / § 17 Abs. 4 KHEntgG sowie nach Maßgabe der Landeskrankenhausgesetze (vgl. z.B. § 2 Abs. 2 KHGG NRW).

138 Bei der Inanspruchnahme einer krankenhausexternen Abrechnungsstelle durch den liquidationsberechtigten Arzt selbst oder durch das Krankenhaus ist darauf zu achten, dass die Übermittlung der Patientendaten an die beauftragte Abrechnungsstelle gemäß § 22 Abs. 1 BPflV a.F. / § 16 BPflV n.F. / § 17 Abs. 3 KHEntgG nur mit ausdrücklicher Einwilligung des Patienten erfolgen darf (vgl. **Anlage 2**).

139 Bezüglich der Frage nach der Zulässigkeit einer Stellvertretung sowie nach Form und Inhalt einer entsprechenden Vertretungsklausel ist nach dem Urteil des BGH vom 20.12.2007 (Az.: III ZR 144/07), zuletzt bestätigt durch das Urteil des BGH vom 16.10.2014 (Az.: III ZR 85/14), eine klare Trennung zwischen einer zum Zeitpunkt des Vertragsabschlusses unvorhergesehenen Verhinderung des Wahlarztes und einer vorhersehbaren Verhinderung vorzunehmen.

Erläuterungen

Hinsichtlich der unvorhergesehenen Verhinderung hat der BGH festgestellt, dass formularmäßige Vertreterregelungen in Wahlleistungsvereinbarungen zulässig seien, wenn die Verhinderung des Wahlarztes im Zeitpunkt des Abschlusses der Wahlleistungsvereinbarung noch nicht feststehe, etwa weil die Verhinderung (z.b. Krankheit) selbst noch nicht absehbar sei oder weil noch nicht bekannt sei, dass ein bestimmter verhinderter Wahlarzt, auf den sich die Wahlleistungsvereinbarung erstrecke, zur Behandlung hinzugezogen werden müsse. Daher beschränkt sich die vorliegende Vertretungsvereinbarung in der Wahlleistungsvereinbarung auf den Fall einer zum Zeitpunkt des Vertragsabschlusses unvorhergesehenen Verhinderung des Wahlarztes, z.b. durch Krankheit. Als weitere Voraussetzung führte der BGH aus, dass in der Stellvertretervereinbarung als Vertreter „der" ständige ärztliche Vertreter im Sinne der GOÄ bestimmt sein müsse und zwar namentlich. Dem trägt die Vertreterregelung im Rahmen der Wahlleistungsvereinbarung Rechnung, indem jeweils der ständige ärztliche Vertreter namentlich genannt wird. Weitere Informationen dazu lassen sich den *Hinweisen der DKG zur persönlichen Leistungserbringung* im Krankenhaus entnehmen.

Hinsichtlich der vorhersehbaren Verhinderung führte der BGH aus, dass sich der Wahlarzt durch eine Individualvereinbarung mit dem Patienten von seiner Pflicht zur persönlichen Leistung befreien und deren Ausführung einem Stellvertreter übertragen könne. Hierfür bedürfe es allerdings besonderer Aufklärungspflichten: Der Patient sei so früh wie möglich über die Verhinderung des Wahlarztes zu unterrichten und ihm sei das Angebot zu unterbreiten, dass an dessen Stelle ein bestimmter Vertreter zu den vereinbarten Bedingungen die wahlärztlichen Leistungen erbringe. Weiter sei der Patient über die Alternative zu unterrichten, auf die Inanspruchnahme wahlärztlicher Leistungen zu verzichten und sich ohne Zuzahlung von dem jeweils diensthabenden Arzt behandeln zu lassen. Sei die jeweilige Maßnahme bis zum Ende der Verhinderung des Wahlarztes verschiebbar, sei dem Patienten auch dies zur Wahl zu stellen. Für den Fall, dass die Vereinbarung im unmittelbaren Zusammenhang mit dem Abschluss der Wahlleistungsvereinbarung getroffen werde, sei der Patient auf diese gesondert ausdrücklich hinzuweisen. Weiterhin müsse die Vertretervereinbarung schriftlich erfolgen, da sie einen Vertrag beinhalte, durch den die Wahlleistungsvereinbarung geändert werde, für die gem. § 17 Abs. 2 S. 1 KHEntgG das Schriftformerfordernis gelte. Ein Muster, wie eine derartige Vereinbarung aussehen kann, findet sich in **Anlage 1** zur Wahlleistungsvereinbarung. Bei der Verwendung dieses Musters ist im besonderen Maße zu beachten, dass dem Patienten eine echte Auswahlmöglichkeit eröffnet wird.

Im Übrigen gelten diese Ausführungen für jeden einzelnen Wahlarzt, der Kernleistungen erbringt und verhindert ist. D.h., für jeden einzelnen Wahlarzt ist eine Vereinbarung für den Fall vorhersehbarer Verhinderung zu schließen.

Eine unwirksame Vertreterregelung führt grundsätzlich nicht zur Gesamtunwirksamkeit der Wahlleistungsvereinbarung, es sei denn, dies stellt für eine Vertragspartei eine unzumutbare Härte dar (Urteil des LG München vom 28.06.2011, Az.: 13 S 6738/10). Der Vergütungsanspruch bleibt dann grundsätzlich bestehen, wenn der Wahlarzt die Leistung persönlich erbringt.

140 Als „ständiger ärztlicher Vertreter" ist vorliegend der ständige ärztliche Vertreter im Sinne des Gebührenrechts zu verstehen (vgl. § 4 Abs. 2 S. 3 und § 5 Abs. 5 GOÄ), d.h. derjenige, der die Tätigkeiten nach interner Organisation tatsächlich ausführt. Dieser ist nicht gleichzusetzen mit dem Vertreter im arbeitsrechtlichen Sinne mit der Folge, dass tarifvertragliche Rechte aus der gebührenrechtlichen Stellung nicht abgeleitet werden können.

141 Wenn die organisatorischen Einheiten des ärztlichen Dienstes andere Bezeichnungen als Fachabteilung oder Institut führen, ist die Wahlleistungsvereinbarung entsprechend anzupassen.

Zudem besteht die Möglichkeit, die organisatorischen Einheiten weiter zu untergliedern, z.B. in Subdisziplinen oder Fachbereiche. So könnten z.B. im Gebiet der Inneren Medizin Subdisziplinen wie die Gastroenterologie oder Kardiologie oder Fachbereiche wie die Diabetologie ausgewiesen werden. Die Möglichkeit zur Benennung unterschiedlicher Ärzte für die Subdisziplinen und Bereiche ist nach der Rechtsprechung des OLG Celle (Urteil vom 15.06.2015, Az.: 1 U 98/14) grundsätzlich zulässig und betrifft zum einen die Wahlärzte selbst, zum anderen aber auch die Ebene der ständigen ärztlichen Vertreter.

Im Übrigen ist der Status eines Wahlarztes unerheblich, d.h. auch Oberärzte können als Wahlärzte in die Wahlleistungsvereinbarung aufgenommen werden. Entscheidend ist die besondere fachliche Qualifikation des Oberarztes.

Honorarärzte hingegen können nach der jüngeren Rechtsprechung des BGH (Urteil vom 16.10.2014, Az.: III ZR 85/14) vom Krankenhausträger nicht mehr als Wahlärzte bzw. Stellvertreter von Wahlärzten eingesetzt werden. Unter Honorarärzten werden hierbei sämtliche freiberuflich tätigen Ärzte verstanden, gleich ob diese parallel noch in eigener Niederlassung tätig sind. Diese Ärzte sind weder am Krankenhaus angestellt noch beamtete Ärzte im Sinne des § 17 Abs. 3 S. 1 KHEntgG, weswegen entsprechende Wahlleistungsvereinbarungen aus Sicht des BGH wegen Gesetzesverstoßes nach § 134 BGB nichtig seien. Die gegen dieses Urteil eingelegte Verfassungsbeschwerde wurde vom BVerfG mit Beschluss vom 03.03.2015 (Az.: 1 BvR 3226/14) nicht zur Entscheidung angenommen.

142 § 22 Abs. 1 BPflV a.F. / § 16 BPflV n.F. / § 17 Abs. 2 KHEntgG bestimmt, dass der Patient vor Abschluss der Wahlleistungsvereinbarung über die Entgelte der Wahlleistungen und deren Inhalt im Einzelnen zu unterrichten ist. Sofern die

Bezeichnung der Wahlleistung allein nicht schon eine Leistungsbeschreibung darstellt (z.B. Gestellung einer Sonderwache etc.), die nicht näher erläuterungsbedürftig ist, sollte dem Patienten eine konkrete Leistungsbeschreibung ausgehändigt werden. Insbesondere für die im Krankenhaus angebotene Wahlleistung Unterkunft hat der BGH mit Urteil vom 04.08.2000 (Az: III ZR 158/99) strenge Anforderungen aufgestellt und die Darlegungs- und Beweislast für das Vorliegen eines jeden preisbildenden Komfortelements dem Krankenhaus auferlegt. Die angemessene Höhe der Zuschlagsbeträge für die Wahlleistung Unterkunft kann nach Maßgabe dieses BGH-Urteils je nach unterschiedlicher Ausstattung der jeweiligen Wahlleistungszimmer variieren. Der Patient ist daher mittels einer Leistungsbeschreibung über die einzelnen Komfortmerkmale der angebotenen Wahlleistungszimmer und deren Preis zu informieren. Gleichzeitig sind die DKG und der PKV-Verband durch den Verordnungsgeber ermächtigt, Empfehlungen zur Bemessung der Entgelte für nichtärztliche Wahlleistungen abzugeben. Im Rahmen einer zwischen DKG und PKV-Verband im Juli 2002 geschlossenen gemeinsamen Empfehlung zu § 22 Abs. 1 BPflV a.F. / § 16 BPflV n.F. / § 17 KHEntgG ist eine Liste von preisbildenden Komfortelementen vereinbart worden. Die gemeinsame Empfehlung enthält auch noch weitere abrechnungsrelevante Regelungen für eine Wahlleistung Unterkunft.

[143] Wird die Vorhaltung des Wahlleistungszimmers (Reservierung) und damit die Durchberechnung des Wahlleistungsentgeltes auch während einer Zeit gewünscht, zu der der Patient das Zimmer tatsächlich nicht nutzt, ist dieses mit dem Patienten vorher ausdrücklich schriftlich gesondert zu vereinbaren. Die zwischen DKG und PKV-Verband im Juli 2002 geschlossene gemeinsame Empfehlung zu § 22 Abs. 1 BPflV a.F. / § 16 BPflV n.F. / § 17 KHEntgG ist hierbei zu beachten. Diese Empfehlung regelt z.B., dass eine Reservierung bzw. das Freihalten eines Einbettzimmers (z.B. bei Aufenthalt im Kreißsaal oder auf der Intensivstation) nur dann berechenbar ist, wenn dies ausdrücklich mit dem Patienten vereinbart wurde und ein Zeitraum von 4 Tagen nicht überschritten wird. In dieser Zeit darf das Zimmer nicht anderweitig belegt werden. Für die Tage der Reservierung / des Freihaltens ist der Gesamtpreis des Zimmers um 25% zu mindern; der Basispreis (nach Maßgabe der vom Krankenhaus aus dem Budget auszugliedernden Kosten zzgl. eines vom BGH festgesetzten Gewinnaufschlags) darf hierbei nicht unterschritten werden. Eine gesonderte Berechnung der Reservierung bzw. des Freihaltens eines Zweibettzimmers haben die Empfehlungspartner als unangemessen erachtet.

Gemäß Punkt 1 der allgemeinen Regelungen der Anlage 1 zur gemeinsamen Empfehlung zur Bemessung der Entgelte für eine Wahlleistung Unterkunft ergibt sich der abrechenbare Gesamtpreis pro Berechnungstag aus der Summe von Basispreis und Komfortzuschlägen. Sollte der Gesamtpreis durch die Minderung um 25% geringer ausfallen als der Basispreis, so ist in diesen Fällen mindestens der Basispreis abzurechnen.

AVB, Behandlungsverträge und Wahlleistungsvereinbarung

144 Wenn in verschiedenen Fachabteilungen des Krankenhauses das Zweibettzimmer im Rahmen der allgemeinen Krankenhausleistungen angeboten wird, sind diese Fachabteilungen aus der Leistungsbeschreibung zu streichen. Gesondert berechenbar sind in diesen Fachabteilungen jedoch nach Maßgabe der zwischen DKG und PKV-Verband geschlossenen Gemeinsamen Empfehlung isolierte Komfortelemente.

145 Als weitere Wahlleistungen können z.B. in Betracht kommen:

- Sonderverpflegung, die von der in den allgemeinen Krankenhausleistungen enthaltenen Beköstigung abweicht,
- Gestellung einer Sonderwache,
- Bereitstellung eines Fernsehgerätes,
- Bereitstellung eines Rundfunkempfängers,
- Bereitstellung eines Fernsprechapparates,

soweit diese nicht bereits in die Preisbemessung der Wahlleistung Unterkunft eingeflossen sind. Darüber hinaus können auch sämtliche Leistungen, zu denen GKV-Patienten Wahltarife nach § 53 Abs. 4 SGB V bei den gesetzlichen Krankenkassen abgeschlossen haben, vom Krankenhaus angeboten und als Wahlleistungen vereinbart werden.

146 Neben den wahlärztlichen Leistungen und der Wahlleistung Unterkunft können die Krankenhäuser auch medizinische Wahlleistungen anbieten (vgl. zu dieser Thematik Wagener/Nösser/Korthus, dK 2005, 396 ff.). Dazu ist eine gesonderte vertragliche Abrede notwendig, welche formell zumindest den Anforderungen des § 17 Abs. 2 KHEntgG genügen muss (z.B. Einhaltung der Schriftform etc.), inhaltlich jedoch weiter zu fassen ist (beispielsweise bezüglich einer weiterführenden Aufklärungspflicht über die mit der Vereinbarung medizinischer Wahlleistungen verbundenen wirtschaftlichen Risiken gegenüber dem Patienten).

Unter medizinischen Wahlleistungen sind die Leistungen zu verstehen, die nach § 2 Abs. 2 S. 1 KHEntgG/BPflV nicht für die medizinisch zweckmäßige und ausreichende Versorgung des Patienten notwendig sind und daher keine allgemeinen Krankenhausleistungen darstellen. Denkbar wären medizinische Leistungen ohne eine entsprechende Indikation (z.B. medizinisch nicht indizierte Schönheitsoperationen und Sterilisationen, Fettabsaugungen etc.) und Leistungen anlässlich einer medizinisch indizierten Behandlung, welche jedoch zur konkreten Behandlung nicht notwendig sind. Dazu gehören etwa eine erweiterte Labordiagnostik, Massagen oder das zusätzliche Anwenden alternativer Behandlungsmethoden. Darüber hinaus können medizinische Wahlleistungen auch in Form innovativer Behandlungsalternativen angeboten werden. Dies betrifft etwa unterschiedliche Qualitäten bzw. Eigenschaften von Arzneimitteln oder Implantaten oder auch eine medizinisch nicht indizierte Wunschsektio. Letztlich kann auch eine ambulante Behandlung des Patienten als medizinische Wahlleistung angeboten werden, wenn das Krankenhaus nicht zur ambulanten Behandlung von GKV-Versicherten befugt ist, der Patient allerdings dennoch ausdrücklich die ambulante Behandlung durch einen bestimmten Leistungserbringer wünscht.

Sofern eine medizinische Indikation vorliegt, muss seitens des Krankenhauses jedoch beachtet werden, dass es nur solche Leistungen als medizinische Wahlleistungen anbieten kann, die nicht bereits Bestandteil der allgemeinen Krankenhausleistungen nach § 2 Abs. 2 S. 1 KHEntgG/BPflV sind und bezüglich derer der Versicherte einen Leistungsanspruch gegenüber seiner gesetzlichen Krankenkasse hat. Dies ist dem Versicherten gegenüber auch deutlich herauszustellen.

Bezüglich der Vergütung medizinischer Wahlleistungen ist zunächst auf § 17 Abs. 1 KHEntgG hinzuweisen, wonach Wahlleistungen gesondert neben den Entgelten für eine voll- und teilstationäre Behandlung berechnet werden können. Sofern die jeweilige Wahlleistung nicht neben allgemeinen Krankenhausleistungen erbracht wird, unterliegt die Abrechnung der Wahlleistung nicht den Vorschriften des KHEntgG und kann frei (etwa nach GOÄ oder DKG-NT Band 1) vereinbart werden. Ansonsten ist der Anwendungsbereich des § 17 KHEntgG eröffnet mit der Folge, dass die Wahlleistungsvereinbarung den darin enthaltenen Anforderungen entsprechen muss. Die Abrechnung erfolgt ebenfalls nach dem KHEntgG, wobei etwaige Mehrkosten seitens des Krankenhauses geltend gemacht werden können, sofern eine entsprechende Vereinbarung vorliegt.

[147] In § 17 Abs. 3 S.1 KHEntgG ist geregelt, dass eine Vereinbarung über wahlärztliche Leistungen sich auf alle an der Behandlung des Patienten beteiligten angestellten oder beamteten Ärzte des Krankenhauses erstreckt, soweit diese zur gesonderten Berechnung ihrer Leistungen im Rahmen der vollstationären und teilstationären sowie einer vor- und nachstationären Behandlung berechtigt sind. Daraus wird deutlich, dass es sich um **eine** Wahlleistungsvereinbarung handelt und keine Unterscheidung zwischen vollstationären, teilstationären sowie vor- und nachstationären Behandlungen getroffen werden muss.

Etwas anderes gilt bei der Wiederaufnahme, obwohl diese nach den Abrechnungsbestimmungen zu einer Fallzusammenführung führt. Unabhängig von dieser finanzierungsrechtlichen Betrachtung muss im Fall der Wiederaufnahme eine neue Wahlleistungsvereinbarung abgeschlossen werden.

[148] Aus Gründen der Beweissicherung sollte eine eventuelle Kündigung schriftlich dokumentiert werden.

AVB, Behandlungsverträge und Wahlleistungsvereinbarung

¹⁴⁹ Die stationsäquivalente psychiatrische Behandlung gemäß § 115d SGB V wird in § 17 Abs. 3 Satz 1 KHEntgG nicht ausdrücklich erwähnt. Fraglich ist daher, ob diese Behandlungsform Gegenstand einer Wahlleistungsvereinbarung sein kann. Dafür spricht, dass eine explizite Nennung in § 17 Abs. 3 Satz 1 KHEntgG nicht erforderlich ist, da die stationsäquivalente Behandlung an dieser Stelle unter die vollstationäre Behandlung subsumiert werden kann. Dies liegt darin begründet, dass die stationsäquivalente psychiatrische Behandlung gemäß § 115d Abs. 1 Satz 1 SGB V *anstelle* einer vollstationären Behandlung erbracht werden kann. Daher kann die stationsäquivalente psychiatrische Behandlung möglicher Gegenstand einer Wahlleistungsvereinbarung sein, auch wenn sie in § 17 Abs. 3 Satz 1 KHEntgG keine explizite Erwähnung findet.

¹⁵⁰ Nach § 22 Abs. 1 BPflV a.F. / § 16 BPflV n.F. / § 17 Abs. 2 KHEntgG ist die Wahlleistungsvereinbarung **vor** der Leistungserbringung **schriftlich** abzuschließen. Um diesem Schriftformerfordernis zu genügen, ist unbedingt erforderlich, dass die betreffende Urkunde (hier: Wahlleistungsvereinbarung) gerade nicht nur vom Patienten, sondern nach § 126 BGB auch vom Aussteller (hier: dem Krankenhausträger) eigenhändig durch Namensunterschrift unterzeichnet wird. Dabei kann die Unterzeichnung für den Krankenhausträger durch jeden dazu bevollmächtigten Krankenhausmitarbeiter erfolgen. Wird das Schriftformerfordernis nicht eingehalten, ist die betreffende Wahlleistungsvereinbarung nach ständiger Rechtsprechung des BGH nichtig (vgl. BGH, Urteil vom 19.02.1998, Az.: III ZR 169/97). Dies entspricht der gesetzlich ebenfalls festgelegten Nichtigkeit wegen Formmangels nach § 125 BGB. Wird eine Wahlleistungsvereinbarung wegen Verstoßes gegen das Schriftformerfordernis für nichtig befunden, könnte dies erhebliche Vergütungsausfälle für das Krankenhaus zur Folge haben. **Es ist daher unbedingt darauf zu achten, dass das Schriftformerfordernis bei jeder Wahlleistungsvereinbarung eingehalten wird.**

¹⁵¹ Siehe Erläuterung 3

¹⁵² Siehe Erläuterung 139

¹⁵³ Siehe Erläuterung 3

¹⁵⁴ Für kirchliche Krankenhäuser gelten folgende Regelungen als Rechtsgrundlage: § 6 Ziff. 2, § 13 Abs. 2 Ziff. 1, Ziff. 8, Abs. 3 DSG-EKD i.V.m. § 17 Abs. 3 S. 6 KHEntgG; § 6 Abs. 1 b), § 11 Abs. 2 a), h) KDG i.V.m. § 17 Abs. 3 S. 6 KHEntgG.

¹⁵⁵ Siehe Erläuterung 1

¹⁵⁶ Siehe Erläuterung 2

Erläuterungen

[157] Siehe Erläuterung 3

[158] Das Empfangsbekenntnis muss deutlich vom übrigen Vertragstext getrennt sein und gesondert unterschrieben werden.

Bei den Einverständniserklärungen zur Datenübermittlung zwischen Hausarzt und Krankenhaus, an ein Unternehmen der privaten Krankenversicherung sowie der Information gegenüber Patienten im Krankenhausbereich auf der Grundlage der Art. 12 ff. DS-GVO handelt es sich um die entsprechenden Anlagen aus den stationären AVB (Anlagen 3, 5, 6).

[159] Siehe Erläuterung 13

[160] Im Bereich der Selbstzahler besteht für Krankenhäuser keine Bindung an ein bestimmtes Tarifwerk wie bei gesetzlich versicherten Patienten über den Vertrag nach § 115b Abs. 1 SGB V. Das Krankenhaus kann seinen Haustarif selbst bestimmen. Es bietet sich insoweit das Gebührenverzeichnis der GOÄ oder DKG-NT Band I an.

[161] Es wird empfohlen, auf der Rechnung folgenden Vermerk anzubringen:

„Die Nachberechnung von Leistungen, die in dieser Rechnung nicht enthalten sind, und die Berichtigung von Fehlern bleiben vorbehalten."

[162] Siehe Erläuterung 34

[163] Das Muster einer Einwilligungserklärung nach Maßgabe des § 17c KHG findet sich in **Anlage 5**.

[164] Siehe Erläuterung 40

[165] Siehe Erläuterung 41

[166] Siehe Erläuterung 43

[167] Siehe Erläuterung 44

[168] Siehe Erläuterung 45

[169] Siehe Erläuterung 46

[170] Auch ohne eine solche Vereinbarung ergibt sich nach der Rechtsprechung des BGH (Urteil vom 08.12.2011, Az.: III ZR 114/11) für den Vergütungsanspruch ein einheitlicher Leistungsort am Ort des Krankenhauses. Der Leistungsort ist entscheidend für die örtliche Zuständigkeit des Gerichts bei Streitigkeiten aus dem Behandlungsvertrag (§ 29 Abs. 1 ZPO). Demzufolge können Kranken-

häuser eine Klage auf Zahlung der Vergütung gegen selbstzahlende Patienten bei dem Gericht erheben, in dessen Bezirk die Klinik ihren Sitz hat. Ergänzend für zahnärztliche Leistungen im ambulanten Bereich siehe OLG Düsseldorf, Urteil vom 03.06.2004 (Az.: 8 U 110/03).